Sternenmedizin

Wir kommen alle von den Sternen

Heile den Heiler in dir
Heile die Heilerin in dir
~ Issah ~

Nachschlagewerk

Maaryam die Drachenfrau

Auflage 1

Steinergasse 36
1230 Wien
Verlag Seelenmedicus144
www.seelenmedicus144.com

www.drachenfrau.com
info@drachenfrau.com
www.spiritsplace.at

Print: ISBN: 978-3-9505147-8-0
Kindle: ISBN 978-3-9505147-9-7

Druck: Independent Publishing
Cover und Layout: Luna Design
Bild: realcg. Despositphotos

WIDMUNG

Ich widme dieses Buch all den Sternensaaten, Herzensmenschen und Suchenden, die endlich wissen wollen wo sie herkommen, und warum sie sich oft einen so fordernden Weg gesucht haben.

Sternengeborene brauchen eine andere Informationsmedizin.

Deine Seele braucht heilsame Antworten, die in dir Frieden machen.
Du weisst, dass du anders bist und das ist wunderbar.

Die neue Zeit braucht neue Lösungen.
Für alle Suchenden, die endlich ankommen und mit Ihrer Bestimmung im Einklang leben wollen.

Wir sind alle Sterne, die gekommen sind um den Aufstieg der Erde zu ermöglichen.

Mögen alle Menschen, die keinen Platz auf Erden gefunden haben, sich hier willkommen fühlen. Lass zu, dass sich dein Herz sich öffnen und du neue Kraft für deine Herausforderungen finden.
Namaste

DANKSAGUNG

Hiermit danke ich allen Herzensmenschen die erwacht sind, die mutig und neugierig voranschreiten, so dass die Sternenmedizin durch sie wirken darf.

Ebenso danke ich all jenen, die bei dr Fertigstellung dieses Buches beteiligten waren.

Ganz besonders danke ich Birgit Payr für die großartige Unterstützung und Gabriele O.M. für die Korrektur.

Ein inniges Dankeschön zu den spirituellen Kräften, die mich immer wieder ermutigt haben, diese neue Medizin auf die Erde zu bringen. Worte können das nicht beschreiben, deshalb sende ich ihnen meine Dankbarkeit hiermit energetisch.

In tiefer Verbundenheit,
Maaryam

INHALTSVERZEICHNIS

Vorwort:

Eine Erinnerung für deine Seele.
Eine Geschichte von den Sternen für deinen Seelenstern in dir.

Einmal da kamst auch du von den Sternen.

Die Welt war voller Möglichkeiten. Du warst entflammt und voller begeisterter Pläne.

Die Macht des Vergessens war dir gänzlich unbekannt.

Du wusstest nur wie es ist, in der vollkommenen Verbundenheit zu sein.

Du kanntest nur die Kräfte des Guten und der Liebe.
...
Dann kam der Fall.

Du bist ins Vergessen gestoßen.

Mit jedem Atemzug musstest du dich reduzieren. Du wurdest von Dimension zu Dimension kleiner.

Deine Wachheit und Weisheit verringerten sich.

Die Angebundenheit an alles was du bist wurde dünner.

Niemals warst du ganz vergessen. Niemals hattest du den Gottesfunken ganz verloren. Niemals ist deine Seele ganz zum Schweigen gebracht worden.

Jedoch, oft fühlte es sich so an.

Du warst verwundert.

Wo ist meine Kraft?
Wo ist meine Energie?

Wieso spüre ich hier keine Liebe?

Was habe ich vergessen?

Alles.

Der Fall war im Vertrag geplant. Du wusstest, es muss geschehen. Doch du wusstest nicht was das heißt.

Du hörtest davon, wie es sein würde, ohne Macht zu sein, doch du konntest es dir niemals vorstellen.

So warst du geschockt und erstarrt. Deine Seele wirkte plötzlich klein und so ganz allein.

So wandelst du lange Zeit auf Erden. Wissend, du hast etwas zu tun. Doch was? Es war dir entfallen.

So hast du begonnen das zu tun, was alle tun.

Überleben.

In den einsamen Nächten starrtest du in den Himmel. Wieso sind mir die Sterne näher als die Menschen?

Wieso finde ich untertags einfach keine Ruhe und keinen Sinn?

Wieso bin ich hier?

Wer kann mir helfen?

So begannst du zu suchen. Du suchtest das Wichtige, das Echte, das Ewige.

Doch kaum jemand verstand dich. Du hast viele Leben verbracht, deine innere Unruhe zu betäuben. Du kennst nun alle Versuchungen der Erde.

Die Betäubungen und Ablenkungen.

Die Liebe und den Hass.

Den Schmerz der Lügen und die heilende Wahrheit.

Du bist alt geworden.

Deine Leben verliefen immer wieder nach dem gleichen Muster.

Bin ich wirklich so anders?

Versteht mich hier wirklich niemand?

Wie soll ich ihnen denn helfen, wenn niemand mir zuhört?

So hast du dich auf die Suche nach der Wahrheit gemacht.

Deine Seele hungerte Nächte lang.

Denn du konntest mit den meisten Informationen kaum deine Sehnsucht stillen.

Du ahntest es schon.

Du bist nicht von hier.

Du kommst von den Sternen.

Deine Seelennahrung ist eine andere.

Licht ist für dich lebensnotwendig.

Lügen können dich zerstören.

Dann, nach unzähligen schmerzvollen Erfahrungen, hast du sie erkannt.

All die Lügner, Betrüger und die, die in die Irre führen.

Danke für ihre falschen Wegweiser.

Denn sie haben dich stärker gemacht.

Irgendwann erkennst du, das was du als Sehnsucht im Außen gesucht hattest, ist in dir versteckt.

Du begibst dich nun auf die innere Reise.

Du suchst das Licht in dir.

Du suchst den Stern in dir.

Du suchst dich in dir!

Und du findest dich.

Jetzt erkennst du, dass all deine Tränen wichtig waren. Du fühlst nun dein Herz.

Deine Intuition hat dich zu deinem Seelenstern geführt.

Der wohnte immer in dir, nur du wusstest es nicht.

Du verbindest dich nun über deinen Seelenstern mit deiner Seelenheimat.

Bei den Sternen bist du zu Hause.

Du hörst nun auf, ein Zuhause auf Erden zu suchen.

Du weißt, dass du hier Gast bist.

Du weißt nun, dass du hier einen Auftrag hast.

Dein Sternenlicht erhellt die dunklen Stunden der anderen.

Dein Seelenlicht bringt die Tränen der Verzweiflung zum Schmelzen.

Dein Seelenlicht kommt von den Sternen. Deshalb liebst du die Einsamkeit der Nacht. Die Ruhe der Erde.

Wenn endlich die Erde schweigt, dann kannst du im Herzen die Verbundenheit fühlen.

Deine Sternengeschwister schicken dir Bewusstsein. Sie schicken dir in den stillsten Momenten das Wissen und die Weisheit, die du brauchst, um deinen Seelenauftrag zu erfüllen.

Deine Seelengeschwister wissen um die Schwierigkeiten hier auf Erden.

Deine Verbindung ist ewig.

So ist auch deine Aufgabe mit der Ewigkeit verbunden.

Die Kraft der Liebenden.

Die Kraft des freien Lichts.

Die Kraft, dich über die Dunkelheit zu erheben.

Diese Kraft liegt in dir.

Erkenne dich als Sternensaat, die Issah ausgesät hat. Er wusste, dass es lange Jahre dauern wird, bis seine Samen aufgehen werden.

Doch jetzt ist die Zeit gekommen.

Die Lichter der Sternensaat sind nun bereit.

Du bist bereit.

Du bist ein Stern unter Sternengeborenen.

Du bist ein Licht unter den Wesen des Lichts.

Du bist die Liebe allem was ist.

Erkläre dich wieder bereit.

Es ist Zeit dich zu finden, dich zu lieben und danach zu handeln.

Jede Anpassung verlässt dich, wenn sie nicht zu deinem inneren Stern gehört.

Jede Entscheidung wird neu erschaffen.

Du folgst dem Weg der Sternensaaten.

So lange hast du dich verleugnet und dich zurückgehalten.

Der Ruf ist auch an dich ergangen.

Der Ruf der Sternengeborenen.

Komm und steh auf!

Strahle wieder die heilende Kraft aus, die du bist.

Alle Wunden und Lügen fallen von dir ab!

Du bist das Licht, auf das die Welt gewartet hat.

Strahle eine überirdische Schönheit aus.

Dann folgst du dem Herzen und dem Ruf Issah´s.

Seine ewige Unterstützung ist dir sicher.

Issah war selbst ein Sternengeborener. Nur sie erkennen sich.

Lass dich erinnern und erkennen.

Du bist in ihm und er ist in dir!

Nur ein Stern erkennt einen anderen Stern.

So erkennt Issah dich, sobald du dir erlaubst, wieder zu strahlen.

Gib dich deiner tiefsten Bestimmung hin.

Sei wieder die, die du immer gesucht hast.

Die Liebe der Sternengeborenen.

Von einem Stern zu all den anderen Sternen.

Erwachet!

Deine Maaryam

~ ✶ ~ ✶ ~ ✶ ~

Einleitung:

1. Liebe ist eine Schwingung – Heilung ist ein Code

Als ich 14 Jahre alt war, sagte meine Mutter: „Ich bin halt krank. Das Leiden ist unheilbar! Damit musst du dich abfinden!"

An diesem Tag startete die Revolution in mir. Alles in mir schrie: "Nein ... das stimmt nicht ... Du musst nur die richtige Ebene finden!"
Ich hatte keine Ahnung was ich da sagte. Niemand konnte mir je den Sinn dieses Satzes erklären. Dennoch blieb Ich diesem Motto ein Leben lang treu.
Meine Mission entpuppte sich daraus. Ich musste nur die Ebene finden wo das Problem heilbar ist.
Was für ein Auftrag. Eine lange Reise - sie dauerte über 30 Jahre - hatte begonnen.

Es war mein innerer Widerstand ... mein Überlebenstrieb ... meine Wut in der Verzweiflung hat mich vorangetrieben. Es ist ein Teil von mir geworden.

Ich muss nur die Ebene finden. Mein Lebensmotto. So hat mein Weg begonnen, alternative Heilmethoden zu suchen und zu finden. Alles was ich finden konnte probierte ich aus. Damals gab es noch kein Internet und kein Google. Es war viel schwieriger, an Informationen heranzukommen.

28 Jahre suchen, forschen und experimentieren haben mich dahin gebracht, alles zu hinterfragen.

Was für ein spannender Weg.

Trotzdem habe ich nicht immer Antworten bekommen. Ich hatte immer zu viele Fragen.
Zu wenige Hinweise auf Erlösung. Hier auf Erden war es meist als liefe ich gegen Windmühlen.

Oft rauchte mein Kopf und es schien, als sähe ich nur eine schwarze Wand.
Niemand wusste wo mein Weg ist. Ich auch nicht. So ging ich einfach los. Was auch immer kommt, es hat mit meiner Bestimmung zu tun. Ich lernte, dass man ins Leben und ins Vertrauen hineinwachsen kann.

~ ✶ ~ ✶ ~ ✶ ~

2. Da befragte ich die Spirits

Viele verzweifelte Momente forderten alles von mir. Besonders in der Stille vernahm ich langsam eine innere Stimme. Dann kam ein Gedanke aus dem Kosmos zu mir. - Lass nicht zu, dass der Schmerz deine Weisheit blockiert!

„Du musst die Menschen wieder mit ihrem Seelenursprung verbinden. Nichts ist stärker als die Macht, wenn sie wieder wissen, wo sie herkommen. Dann wissen sie auch, wozu sie da sind. Eröffne ihnen den Weg zu ihrem Seelenauftrag!"

Ich verstummte... Geniale Idee... aber wie? Wie kann eine Seele, die meist schon so lange auf der Erde wandelt, wieder die Verbindung nach Hause herstellen?

Haben wir nicht alles vergessen?

Wie kommen wir wieder an die richtigen Informationen heran?

Wie die Zweifel und Ängste löschen? Oder lösen die sich dann von selber auf?
Fragen über Fragen. Wo sind die Lösungen der vielen Rätsel?

~ ✶ ~ ✶ ~ ✶ ~

3. Meine Rückverbindung

Nach vielen Jahren erfolgreicher und wenig erfolgreicher Suche.
Im letzten Sommerurlaub wollte meine Lunge einfach nicht heilen. Der Husten hielt mich lange wach und ich hatte das Gefühl auszutrocknen. Viele Nächte erholte ich mich nur durch gezielte Energiearbeit. Wie ich es schon vor vielen Jahren gelernt hatte. Doch irgendwie war mir das Lachen abhanden gekommen. Es schien als suchte ich am falschen Platz.

Eines nachts war mir alles zu viel. Ich sah meine Seele verzweifelt umherirren. Ich fühlte mich wie ein Blatt im Wind. Keine Wurzeln mehr, kein Halt auf Erden, kein Mensch, der mich festhielt.

Da bat ich die Spirits der Zentralsonne, meiner Seele Kraft zu geben. Ich gab mich völlig hin. Ich hatte keine Wahl - wie so oft. Ich ließ alle Kontrolle und meine Wünsche los. So Legte ich mich auf den Boden und überließ mich dem, was geschehen wollte.

In meinem geistigen Bild war ich plötzlich von vielen scheinbar wartenden Seelen umgeben. Der Weg in der Mitte schien für mich frei gemacht zu sein. Ich blickte mich um. Ein für mich völlig unbekannter Ort an dem ich da war.

Ich wunderte mich, denn es war still und kaum hell. Da erschien ein rundes Portal am Ende dieses Weges. Es zog mich magisch an. Langsam ging ich den Weg hinauf. Er wirkte wie bergauf. Die Seelen ermunterten mich, weiter zu gehen. Ich kannte niemanden. Alle waren fremd.

Dann stand ich vor dem Portal in einer mir unbekannten Dunkelheit. So blieb ich stehen. Ich traute mich nicht weiter zu gehen. Es fühlte sich ehrfürchtig an. Still und leise wartete ich auf Hinweise.

Eine Stimme ermunterte mich: „Geh einfach!"

Es kamen Gedanken der Minderwertigkeit: „Das kann ich nicht. Ich bin es nicht wert. Die anderen Seelen konnten es auch nicht!"
Mein Ego-Anteil bremste.

~ ✶ ~ ✶ ~ ✶ ~

4. Ich erinnerte mich an mein Licht

Ich hörte mich diese Gedanken der Minderwertigkeit denken, und sprach zu mir selber: „Das ist völlig ok Angst zu haben. Auch du warst so lange getrennt. Geh trotzdem weiter."

Plötzlich, ohne zu denken, durchschritt ich das Portal. Ich landete in wolkenartigem, sanften Licht. Ganz allein, umgeben von Licht. Es fühlte sich an wie in Watte getaucht. Niemand war zu sehen. So ging ich gedanklich immer weiter in diesen seltsam vertrauten Raum. Fremd und doch so leicht. Er erinnerte mich an etwas. Nur an was, das wusste ich in diesem Moment noch nicht.

Nach ein paar Sekunden, die sich für mich wie die Ewigkeit angefühlt hatten, schwanden die Wolken.

Ein Kreis von goldenen Lichtwesen stand vor mir. Sie blickten mich an und wussten, dass ich selbst die Entscheidung treffen musste. Nur welche? Soll ich in den Kreis eintreten? Es war wie eine Ewigkeit. So schien es, als warteten alle auf meine Entscheidung. Ich wusste gar nicht so genau, was ich jetzt tun sollte.

Ein sicherer Teil von mir, den ich bis dato noch kaum kannte, übernahm die Führung.

Wie selbstverständlich stellte ich mich auf meinen Platz und wurde wieder Teil dieses Kreises. Die Verschmelzung ließ mich heimkommen. Es war als hätte alle darauf gewartet, dass ich mich erinnere, wer ich bin.

~ ✶ ~ ✶ ~ ✶ ~

5. Die Throne haben mich wieder aufgenommen

Die Energie wurde eins in mir und um mich herum. Durch den Kreis strömte eine Kraft, die kaum in Worte zu fassen ist. Stark und sanft zugleich. Wissend und fühlend. Wie der gesuchte, letzte Puzzlestein in einem Bild, das einfach noch nicht fertig war. Ich war der Teil der hier fehlte.

Die Erinnerung in mir wurde wach. Die Einzigen, die mich immer wieder gerettet hatten, waren die Throne Gottes. Es sind die höchsten Hüter der Schwelle in andere Dimensionen. Wenn mein Leben in Gefahr war, schickten sie mir Botschafter. Sie sendeten die goldene Energie, die so unbeschreiblich strahlte, dass ich sie mit bloßen Augen nicht empfangen konnte. Ich kannte diese besondere Energie. Nicht mein Kopf wusste es. Mein Herz schien der inneren Weisheit zu folgen. Inneres Wissen trat hervor.

Sie hatten auf mich gewartet. Sie warteten, bis ich zu ihnen zurückgefunden hatte. Was für ein langer Weg, der nun zu Ende ging. Ich fühlte wie ein Teil meines bisherigen Wesens sich auflöste. Er wurde nicht mehr gebraucht. Ein neuer Teil wurde gerade geboren. Es war als würde die Zeit stillstehen. Der Raum war erfüllt von unendlicher Bereitschaft.

Meine Tränen wollten nicht versiegen. Ich konnte den Moment kaum fassen. Ich bin wieder zu Hause. Das einzige Zuhause, dass ich je gekannt hatte. Meine Seelenheimat. Die Throne haben mich wieder in ihren Kreis aufgenommen. So lange war ich einsam und so weit weg.

Diese Liebe lässt sich mit nichts auf Erden vergleichen. Sie kann nur gefühlt werden.

Das goldene Licht verschmolz mit mir und all meinen Körpern. Viele fehlende Anteile integrierten sich erst jetzt, in diesem Licht, das wie herrlicher Bienenhonig um mich herum floss. Die Waben der Bienen heilten mein Zellgedächtnis. Ich wurde neu aufgebaut.

Nie wieder getrennt und nie wieder verloren. Verbunden und unverrückbar angekommen. Das waren die ersten Gedanken in meinem Kopf. Alles andere wurde gelöscht.

Dieses Gefühl stärkte mich und meine Seelenverbundenheit. Wie angedockt an ein kosmisches Geheimnis in mir. Still und leise einfach da.

~ ✶ ~ ✶ ~ ✶ ~

6. Die Lichtcodes als Hilfe für alle Menschen

Nachdem ich wieder zurück in meinem Körper war, fühlte ich, dass sich meine Welt verändert hatte. Alle meine Aurakörper veränderten sich. Diese Rückerinnerung wollte noch Tage andauern. Doch ich war nicht mehr dieselbe. Es fühlte sich an wie eine spirituelle Neugeburt.

Ich kannte nun die Sprache der Throne (Hüter und Wesen der Metathron-Ebene).

Diese mächtigen Throne senden seit der Rückverbindung mit der Herkunft meiner Seele die Lichtcodes. Die Verbindung des richtigen Zahlencodes mit einer bestimmten Anrufung ist genial.
So wurde die Sternenmedizin geboren.

Codes und Worte ergeben eine Schwingung, die in der Matrix ankommen. In Sekunden kommt dort die göttliche Information an. Dann wird diese Information sofort von der Zelle aufgenommen.
Man könnte auch sagen, dass alles wieder in die göttliche Ordnung gebracht wird.

Einfach genial.

Seit unserer Wiedervereinigung schicken sie auf Anfrage für alle Lebensbereiche Zahlenkombinationen. Diese Codes beinhalten die Rückanbindung an die Seelenheimat und die Zellerinnerung an den Code des Schöpfers. Die Zahlencodes können auch ohne Anrufung verwendet werden.
Ich liebe die Kombination.

Sie erinnern dich auf eine ganz einfache Art und Weise.

Liebe ist eine Schwingung – Heilung ist ein Code.

Wir müssen nur die richtigen Codes aktivieren und im Körper-Geist-Seele-System verankern. Die Matrix neu umprogrammieren. Keine Chance mehr für die dunkle Matrix. Die göttliche Information kann nicht missbraucht werden.

Es wird die Ganzheit wiederhergestellt.

Egal aus welcher Zeit, von welcher Vergangenheit, für welche Zukunft.
Raum und Zeit können so einfach aufgehoben werden.

Du kannst dich verbinden und dann wieder auf deiner Seelenlinie leben. Glücklicher und erfüllter deiner Bestimmung zu folgen ist dann einfacher.
Du verlässt die falsche Matrix und kommst wieder in deine wahre Bestimmung.

Die Suche ist zu Ende. Das ist die Sternenmedizin. Die Tore haben sich geöffnet. Die Weisheit kann nun bis in alle Zellen aktiviert werden.

Ich danke dem Universum für diese Gnade.

Es ist wie ein unbeschreibliches Geschenk, das größer ist als alles, was ich mir je vorgestellt habe.
Wir kommen alle von den Sternen und von den Sternen kommt die Botschaft, wie wir wieder zurückfinden in unsere wahre Macht und Größe.
Dieses Buch ist als Inspiration gedacht. Werde wer du bist.
Viel Inspirationen und Seelenerinnerungen wünsche ich dir!

~ ✶ ~ ✶ ~ ✶ ~

~ ✶ Kapitel 1 ✶ ~

Herstellung des Sternenbewusstseins

Wir kommen alle von den Sternen.
Da wir so viel vergessen mussten, ist es jetzt an der Zeit, die Erinnerungen wieder aufzuwecken. Jeder einzelne Code bringt dich zurück in deine Schöpferkraft, besonders die langen Codes, die energetisch soetwas wie eine Geschichte erzählen.
Sie arbeiten länger mit dir. Sie informieren dich, je nach Thema, Tag und Nacht.

Du kannst es der göttlichen Intelligenz überlassen. Denn deine höchste Seele weiß den Weg.

Mit diesem Code kannst du die Rückanbindung zu deinem Sternenbewusstsein täglich stärken:

Verbindung wieder aktivieren:

↳ 496 223 989 400 ∞

Codeaktivierung (gilt für alle Codes)

So aktivierst du über dein Herz:

- du visualisierst die Zahlen in Gold
- dann schreibst du geistig alle Zahlen nach-einander in deine linke Hand, wie auf einen Stapel Papier
- 3 Zahlen immer zusammen
- Beispiel: 496 – dann 223 – dann 989 - dann 400 und dann sprichst du „unendlich"

Jetzt legst du die linke Hand auf dein Herzzentrum in der Mitte des Brustbeines, am besten auf die nackte Haut.
Augen schließen und tief einatmen.
Du spürst einfach die Entspannung und eine Körperintelligenz macht den Rest. Vielleicht musst du tief atmen.
Denk an gar nichts und genieße den Moment der Verbundenheit.
Du weißt dann wie lange du die Information brauchst.
Deine Zellen atmen nun die neue Information ein.

Dieser Code sollte mindestens 1mal täglich angewendet werden, eine Woche lang.

Dann mach eine Pause.
Du kannst nicht überdosieren.
Es gibt kein Zuviel.

Dann kannst du den Code wieder aktivieren, wenn du Energie brauchst.

Einfach ausprobieren und entspannen.

Vielleicht hast du ja anfangs einfach ein Lächeln auf den Lippen.

~ ✶ ~ ✶ ~ ✶ ~

PRAKTISCHE ÜBUNG – TEIL I

Praktische Übung:

Start: Codeaktivierung ins Herz sprechen

↳ 496 223 989 400 ∞

Diese Übung wird dir helfen dich selber besser hier und jetzt zu verankern.
Deine Seele will sich verbinden. Sternengeborene brauchen andere Anker als andere Wesen, ohne Wertung.
Entspanne dich und genieße die Rückverbindung

- Schließe die Augen und atme dich 7mal in dein Herz
- Lass die Ruhe bei dir ankommen
- Die Zeit hebt sich auf. Der Raum um dich wird uninteressant
- Deine Aufmerksamkeit geht nach innen
- Diese Meditation dient deiner Verbindung zu deinem Sternenbewusstsein
- Du bist gekommen um das Licht zu halten, wie ein Leuchtturm
- Du bist gekommen, weil andere deine Hilfe wollen
- Du bist hier um dich selbst wieder kennen zu lernen
- Nur wenn du dich kennst, kannst du wirklich die Unterstützung bieten, die Hilfe zur Selbsthilfe ist
- Atme dich in dieses Bewusstsein
- Werde ruhig und still
- Hab keinerlei Erwartungen und Wünsche
- Dann bist du frei von begrenzenden Ego - Gedanken
- Du bist viel mehr als du träumen kannst
- Du bist in dir viel mehr als du dir je vorstellen kannst
- Du bist ein Stern
- Du bist verbunden, in deinem Herzen sitzt dieser Stern
- Dieser Stern beginnt nun zu strahlen
- In alle Richtungen strahlt er weißes Licht und göttliches Bewusstsein

- Du bist in der Mitte der ruhende Punkt
- Jetzt kommt die Verbindung nach unten
- Du stehst auf Mutter Erde
- Sie ist auch im Zentrum ein Stern
- So stellen wir jetzt die Verbindung zwischen dem Stern in deinem Herzen und dem Stern in der Erde her
- Die Göttin der Erde wartet auf dich
- Sie freut sich, wenn du die Wahrheit in dir hochkommen lässt
- Du schickst nun einen Strahl von deinem Herzen in das Herz der Erde. Von einem Stern zum andern
- Die Verbindung wird wiederhergestellt
- Die Verbindung ist so leicht, als wäre sie ewig schon da
- Trotzdem genießt du die stärkende Kraft
- Atme dich in das Licht der Erde
- Atme dich frei
- Du und die Göttin werden Eins
- Diese Verbindung gibt dir alles was du brauchst
- Verbinde dich täglich und werde zu dem Stern, der du schon bist
- Nur in Verbundenheit sind wir stark

Gönne dir alle Zeit der Welt. Wenn du ausgelaugt bist hol dir die wahre Kraft aus der Erde direkt in dein Herz.
Gewöhne dich an diese Verbindung.
Sie war schon immer da und wird es immer sein.
Es steht dir frei, sie so oft zu nützen wie du Kraft brauchst.
In Ruhe und Liebe atme dich zurück in die Kraft von Mutter Erde.
In der Natur ist diese Verbindung auch sehr kraftvoll unterstützend.
Nach langer Krankheit oder einer sehr fordernden Zeit hilft dir diese Verbindung dich wieder zu finden.

~ ✶ ~ ✶ ~ ✶ ~

PRAKTISCHE ÜBUNG – TEIL II

Praktische Übung:

Start: Codeaktivierung ins Herz sprechen

↳ 496 223 989 400 ∞

Nach einigen Tagen Pause, hier der nächste Schritt.
kannst du die Verbindung mit der folgenden Übung ausweiten:

Herz – Erde – Sternenbewusstsein

- Du atmest dich in dein Herz
- Du wiederholst die Übung 1 (siehe oben)
- Dann bist du jetzt verbunden mit deinem Herzen und mit Mutter Erde. Die Lichter haben sich gefunden. Ihr seid Eins geworden
- Die Lichtsäule zwischen dir und dem Erdenstern steht fest und in vollem weißem Licht
- Du bist ruhig und entspannt
- Jetzt visualisierst du einen nächsten Lichtstrahl von deinem Herzen hoch hinaus zu deinem Seelenstern
- Dein Seelenstern ist ca. 20 cm oberhalb deines Kopfes
- Dort ist das Tor zu den anderen Sternen
- Du strahlst also nach unten zur Erde
- Du strahlst hinauf zum Seelenstern, deinem hohen Energiezentrum
- Du wirst zu einer stabilen Lichtsäule
- Du verankerst dich nun in dir selbst
- Der Erdenstern - 32 cm unter deinen Füßen - hat sich schon automatisch aktiviert. Doch ich will ihn hier explizit nennen
- Der Erdenstern und der Seelenstern erschaffen eine stabile Lichtsäule in dir
- Du bist nun in dir verankert und spürst die Unterstützung der Mutter Erde

- Der letzte Schritt: Du verankerst dich nun noch weiter im Universum
- Du rufst nun das Licht deines Heimatplaneten, auch wenn du ihn nicht kennst. Das Licht und die Signatur sind in dir
- Dann fließt dein Licht vom Seelenstern automatisch zu deiner spirituellen Geburt. Dort strahlst du weißes Licht hin und empfängst deine Ursprungsenergie
- Lass dir viel Zeit für diese Rückverbindung
- Du kannst dich auch einfach mit der Zentralsonne verbinden, falls du das Gefühl hast nichts zu spüren
- Auf jeden Fall bist du nun mit dem Universum verankert in dir
- Du bist nun eine stabile Säule
- Erde – Erdenstern – Herzstern – Seelenstern - Heimatenergie – Zentralsonne

Genieße die Verankerung und Rückverbindung solange es dir gut geht. Lass alle Wünsche und Erwartungen los. Alles wird sich der göttlichen Ordnung unterordnen. Dein Leben bekommt einen neuen Focus. Du handelst nun im Einklang mit deiner Bestimmung.
Dein Lebensplan kann sich nun langsam offenbaren.

~ ✶ ~ ✶ ~ ✶ ~

~ ✶ Kapitel 2 ✶ ~

Die einfache Zahlenbedeutung 3er Codes

Die Grundform ist der 3er Code. Er ist sozusagen die kürzeste Geschichte und die einfachste Anwendung.
Je nach Bedürfnis setzt du die Zahlen (immer 3 mal) ein.
Mit der dreifachen Wiederholung erhöhst du die Schwingung.
Die Aussage wird klarer als wenn du nur eine Zahl verwendest.
Wenn du die Zahl jetzt auf einen Zettel schreibst, dann kannst du deinen Namen dazu fügen. So wird die Information des 3er Codes automatisch auf dich übertragen. Auch können die Zahlen so einfach auf den Körper aufgetragen werden.
Lass deiner Kreativität freien Lauf. Experimentiere und staune was alles möglich ist. Alles ist Information. Wenn du dann noch die Bedeutung weißt, dann wird dein Leben magisch.

Je öfter eine Zahl wiederholt wird, umso intensiver ist der Prozess.

Im Alltag sollen Lösungen gefunden werden.

~ ✶ ~ ✶ ~ ✶ ~

∞ 111 ∞

Bedeutung:
- Neustart
- der Beginn eines Projektes
- alles steht und fällt mit dem Anfang

11 = Meisterzahl
- Herausforderungen wollen zur Meisterschaft gebracht werden

111 = Meisterschaft und absoluter Neustart
- das Universum unterstützt dich … großartig

~ ✶ ~ ✶ ~ ✶ ~

∞ 222 ∞

Bedeutung:
- Dualität
- die Vereinigung des weiblichen und männlichen Anteils
- Balance, das Beziehungssymbol
- alles will innerhalb der Dualität erlöst werden

~ ✶ ~ ✶ ~ ✶ ~

∞ 333 ∞

Bedeutung:

- die Kraft der Trinität
- werde Adler und blicke von oben auf deine Geschichte
- was siehst du?

333 ist die Zahl der Christusenergie

Alles soll in eine 3. höhere Ebene transformiert werden.

~ ✶ ~ ✶ ~ ✶ ~

∞ 444 ∞

Bedeutung:

- die Balance aller 4 Himmelsrichtungen
- alle 4 Elemente sind jetzt gefordert
- der Ausgleich wird forciert
- Ruhe und Harmonie
- Engelunterstützung besonders bei 444

~ ✶ ~ ✶ ~ ✶ ~

∞ 555 ∞

Bedeutung:

- der Mensch steht im Mittelpunkt
- das Menschliche muss auch bedacht werden
- die Ausgleichszahl für Unheil

Engel schreiten auf Bitte der Menschen ein.

~ ✶ ~ ✶ ~ ✶ ~

6 (absichtlich alleine)

Bedeutung:

- vereine die 1, 2 und 3
- wisse, dass du auf Erden mit all den Herausforderungen Meister werden willst
- entspannt aber wachsam bleiben

666 das Tier, auch die Dunkelheit will erlöst werden, hinsehen

~ ✶ ~ ✶ ~ ✶ ~

∞ 777 ∞

Bedeutung:

- die göttliche Ordnung wird hergestellt
- die Heilung braucht göttliche Ordnung um zum Erfolg zu kommen

777 = viel Arbeit ist vor dir.
Du erhöhst den Raum in dir und um dich herum.
Alles will zurück in die göttliche Ordnung.

~ ✶ ~ ✶ ~ ✶ ~

∞ 888 ∞

Bedeutung:

- die Balance zwischen Himmel und Erde
- die Fülle und der ewige Ausgleich von oben und unten

~ ✶ ~ ✶ ~ ✶ ~

∞ 999 ∞

Bedeutung:

- die Vollkommenheit
- die 9 schließt ab und beendet Prozesse
- die höchste Zahl auf Erden 999 – feiere

~ ✶ ~ ✶ ~ ✶ ~

∞ 000 ∞

<u>Bedeutung:</u>

- jede 0 schenkt dir Kraft aus dem Universum
- sie erhöht die bestehende Zahl um ein Vielfaches

Sie ist Alles und Nichts.
Sie schenkt dir reichlich Unterstützung, nützen musst du sie allerdings selbst.

~ ✶ ~ ✶ ~ ✶ ~

Ich hoffe, die Bedeutung die Zahlencodes bringen dir mehr Klarheit, Einsicht und erfüllt dich mit mehr Gelassenheit und Lebensfreude.

~ ✶ ~ ✶ ~ ✶ ~

Universal-Sternencode

∞ 144 000 ∞

144 000 ist der Universalcode

Die goldene Mitte 144 wird mit 3mal 000 vom gesamten Universum unterstützt.
Die Einsatzgebiete sind unzählig viele.

Wenn du nicht weißt welchen Code du verwenden sollst, dann nimm 144 000.
Seine Energie bringt alles wieder in die Göttliche Ordnung.
Die Dunkelheit muss weichen.
Die göttliche Ordnung ist ein Synonym für Heilung.
Alles was heil und ganz werden soll, wird mit 144 000 umhüllt.

Einige praktische Anwendungsmöglichkeiten:

- Startcode: immer am Beginn jeglicher Energiearbeit verwenden
- kann bei Kindern sofort eingesetzt werden
- kann bei Tieren sofort eingesetzt werden
- zur Stabilisierung der momentanen Lage
- Stärkung
- klärt die Dunkelheit und ersetzt sie durch göttliches Licht
- Soforthilfe im Notfall
- kann täglich angewendet werden
- es gibt kein Zuviel

~ ✶ ~ ✶ ~ ✶ ~

Spiegelcode

Beispiel: 399 ICH 993

Der Spiegelcode ist eine Technik, die bei der Auflösung von Widerständen hilft.
Du stellst dich in die Mitte des Codes.
Links und rechts von dir schreibst du die Zahlen spiegelverkehrt.
So kommt die Energie zu dir und du entlässt die Dunkelheit.

Anwendungen:

- der Spiegelcode hilft bei Themen, deren Wurzeln unbekannt sind
- bei hartnäckigen Themen
- bei Wiederholungen die gelöscht werden wollen
- bei karmischen Herausforderungen
- bei Eiden, Schwüren und Gelübden
- beim Löschen von Illusionen aller Art
- bei der Befreiung von Lügen und Unwahrheiten
- für Angstfreiheit
- bei zu vielen Sorgen um die Zukunft

~ ✶ ~ ✶ ~ ✶ ~

~ ✶ Kapitel 3 ✶ ~

Lichtcodes Auflistung

Codes zur Aktivierung der Kraftzentren:

- **Verwurzelung, Erdung, Ahnenkraft**
  ↳ 449 447 412 448 4931

- **Lebensenergie, Sexualität, Lebendigkeit**
  ↳ 419 3912 3913 3914

- **Dein wahres Selbst, Macht und Ohnmacht**
  ↳ 444 419 418 147 413

- **Sitz deines inneren Sterns, Seelensitz, Liebe, inneres Kind, innere Frau, innerer Mann**
  ↳ 444 474 777 714 417 ∞

- **Kommunikation auf allen Ebenen**
  ↳ 555 514 512 513

- **Hellsinne, 3. Auge**
  ↳ 613 677 777 719

- **Gottesanbindung**
  ↳ 777 717 719 999

- **Anbindung an deine früheren Leben**
  ↳ 888 849 919 939 2 ∞

~ ✶ ~ ✶ ~ ✶ ~

<u>Ergänzung:</u>

- **Erdenstern – 20cm unter deinen Füßen**
  ↳ 222 213 241 444

- **Seelenstern – 20cm über deinem Kopf**
  ↳ 999 918 819 2

- **Handaktivierung**
  ↳ 222 282 292 999

- **Fußaktivierung**
  ↳ 232 323 293

- **Hüftaktivierung**
  ↳ 848 284 849 2 ∞

~ ✶ ~ ✶ ~ ✶ ~

Energetischer Teil

Die Sternenmedizin ist für den Frieden der Sternengeborenen und aller Wesen, die dem Guten dienen, auf allen Ebenen aller Existenzen.

Die Lichtcodes der galaktischen Wahrheit kommen vom
Rat der Weisen.
Sie sind ein Teil der galaktischen Föderation,
dem Bündnis für Frieden,
Freiheit und Sicherheit für alle Wesen der Galaxien des Lichts.

Sie sind die Ur - Wahrheit

Das Ur - Bündnis

Die Ur - Kooperation

seit Anbeginn aller Zeiten
für die wachen Seelen im Erdendienst

~ ✶ ~ ✶ ~ ✶ ~

Unterschiedlichste Codes für die Bewußtwerdung der vergessenen Wahrheiten

↳ 141 278 879 222 8 ∞

Diese Codes offenbaren den Seelenplan, die Rückanbindung an die Wahrheit und an das Wissen der lichtvollen Matrix. Kann nur von Wesen des Licht aktiviert werden. Keine Manipulation seitens des Unlichts ist möglich.

Die Liebe zu allen lebenden Wesen reaktivieren

↳ 444 849 321 4 ∞ 2 ∞ 8 ∞

Vertiefung:

(bei Hass auf bestimmte Wesen, Menschen)

↳ 14 12 788 79 222 8

~ ✶ ~ ✶ ~ ✶ ~

Die Liebe zur Erde aktivieren und zur Selbstheilung nützen

↳ 14 99 12.000 11.000

Vertiefung:

Du bist gekommen um zu bleiben

↳ 419 219 444 400 4000 4.000.000

~ ✶ ~ ✶ ~ ✶ ~

Channelhilfe:

Reaktivierung von lemurianischem Bewusstsein

↳ 449 448 444 490 094 480 4000 000 ∞

~ ✶ ~ ✶ ~ ✶ ~

Reaktivierung der eigenen Seele im Hier und Jetzt

↳ 444 940 024 007 999 ∞ 2

~ ✶ ~ ✶ ~ ✶ ~

Die Verbindung zur Hüterin der Erde herstellen – Erdgöttin

↳ 184 93 222 4 ∞ 444 2 ∞

Ich bin in Absicht der Liebe verbunden
Ich bin du und du bist ich – wir sind Eins
Für immer und immer

~ ✶ ~ ✶ ~ ✶ ~

Die Kraft deiner Sternengeburt

- Widerstände löschen
- Spirituelles Sein annehmen
- Wertung verlassen mit 4 ∞

↳ 14 777 876 211 2000

~ ✶ ~ ✶ ~ ✶ ~

Deine spirituelle Geburt/Seelengeburt

Balance und energetischer Ausgleich deiner spirituellen Geburt

↳ 999 90 902 903 904 905 906 907 908 909 900

<u>Täglich nur einen Code aktivieren!</u>

- **1. Tag = START:**
  ↳ 999 90 902
- **2. Tag:**
  ↳ 999 90 903
- **3. Tag:**
  ↳ 999 90 904
- **4. Tag:**
  ↳ 999 90 905
- **5. Tag:**
  ↳ 999 90 906
- **6. Tag:**
  ↳ 999 90 907
- **7. Tag:**
  ↳ 999 90 908
- **8. Tag:**
  ↳ 999 90 909
- **9. Tag:**
  ↳ 999 90 900

~ ✶ ~ ✶ ~ ✶ ~

Die Energie der Selbstliebe im Seelenstern aktivieren

- Stärkt die Selbstannahme in dieser Inkarnation
- Kann das Unlicht in der eigenen Inkarnation löschen
- Erfolgsverhinderer löschen
- Matrix durchlichten / transformieren

↳ 222 42 4212 888 12 4 ∞

↳ 124 548 47 444 12 000 1 ∞

7 Tage aktivieren

~ ✶ ~ ✶ ~ ✶ ~

Selbstliebe prinzipiell

↳ 222 42 42 12 888

~ ✶ ~ ✶ ~ ✶ ~

Selbstliebe meint: ehre die Göttin/den Gott in dir

Spirituelle Unterstützung: um dein Gottesbewusstsein zu aktivieren

↳ 1245 48 47 444 12 000 1… Erwachen pur

Vertiefung:

↳ 494 200 800 444 das Vergessen aufheben unendlich

~ ✶ ~ ✶ ~ ✶ ~

Die Kraft der Erinnerung an alle Erfahrungen der vergangenen Leben

- Wissen und Weisheit aus vergangenen Leben zurückfordern
- Angst vor der eigenen Macht löschen
- Verbindung zu Seelenanteilen aus früheren Leben herstellen + aktiv nützen
- Vergessen aufheben und Schleier löschen

↳ 14 888 92 999 237 891 200 2000 8 ∞

7 Monate täglich programmieren!

Danach → jeden 2. Tag programmieren:

↳ 18 91 12 92 144 ∞

~ ✶ ~ ✶ ~ ✶ ~

Den Mut, auf Erden zu wirken in der Verbundenheit mit den Sternengeschwistern

- Sternengeborene werden vernetzt
- Wir verbinden uns mit dem Christusgitternetz
- Die Herz-zu-Herz-Ebene wird aktiviert
- Löst Einsamkeit auf
- Löst die Gefühle verlassen/vergessen worden zu sein
- Verbindet den Seelenursprung mit deiner Seelen-familie

↳ 14 99 9000 8000 14.000 12 ∞

Vertiefung:
↳ 4923 4922 4944 4900

8x hintereinander wiederholen

~ ✶ ~ ✶ ~ ✶ ~

Die Liebe zu allen anderen, die im außerirdischen Dienst stehen

- Stellt die Verbindung zwischen ähnlichen Seelen her
- Gibt die Möglichkeit als Kanal zu dienen

↳ 12 14 1934 800 100 13.000 1412 1 ∞

Vernetzung:
unlichte Energien werden gelöscht

↳ 444 ∞ – ∞

Vergebung für noch nicht aufgewachte Sternengeborene:
↳ 899 998

Schuldfreiheit auf allen Ebenen:
↳ 779 977

Der Kraft der Dunkelheit durch Matrixtausch entfliehen, ohne Kampf und ohne Schmerzen

↳ 999 222 91 12 91 12 14 14 ∞

Code der Unsichtbarkeit – die Tarnvorrichtung bei Angriffen aller Art
Bei Schattenarbeit → ein wirksamer Schutz

↳ 494 492 444 1

~ ✶ ~ ✶ ~ ✶ ~

Der Schmerzkörper ist der übergeordnete Körper, der die Schmerzen speichert. Aus allen Leben wurden dort Traumata und Ängste aller Art eingelagert. Es ist dringend anzuraten, diesen Schmerzkörper immer wieder zu entladen.
Er steht in direkter Verbindung zum Sexualkraftzentrum im Unterbauch und in der 1. und 2. Auraschicht.

Schmerzlinderung emotional

↳ 12 98 8000 4000 2 ∞

Balance des Schmerzkörpers – z.B. nach Angriffen

↳ 7.000.000

Reduzierung des Schmerzkörpers

↳ 444 424 441 222 777 900 1

Schmerzlinderung mental

↳ 12 99 12 88 1277 12 Vergebung für immer

Löschung destruktiver Glaubenssätze / Unterstützung Schmerz entlassen aus dem Schmerzkörper

Wandlung ins Postive
3. Auraschicht

↳ 94 800 200 10 912 104 444 ∞

Schmerzlinderung astral

- Hilfreich bei astralen Angriffen
- Nach Entfernung von Implantaten oder anderen astralen Fremdmanipulationen (Aura-Konstrukten aller Art)
- 4. Aura Schicht

↳ 13 31 333 414 144 12 12 12 ∞

Schmerzlinderung bei Nicht-Irdischen Implantaten:

↳ 94 92 91 800 9.000.000 4 ∞

~ ✶ ~ ✶ ~ ✶ ~

Schmerzlinderung durch die Trennung von falschen Erdverträgen – und von dunklen Manipulationen in allen Stadien
Löschungen aus der Akasha Chronik

↳ 14 91 12 92 12 408 für immer

↳ 449 498 144 298 892 ∞

↳ 800 900 884 882 881 800

Alle 3 Codes müssen gemeinsam, hintereinander aktiviert werden.
Im Akutfall 2 mal pro Woche wiederholen.

Wiederholungen sind immer gut.

~ ✶ ~ ✶ ~ ✶ ~

Befreiung von den Matrixen der Dunkelheit auf diesem und allen anderen Planeten

- Speziell bei Erdheilungen: Matrix Planet Erde/Terra
- Dieser Code muss in die Akasha Chronik eingetragen werden
- Gilt für alle Leben und darüber hinaus für alle Wesen guten Willens

↳ 14 18 100 1000 21.000 98.000 9 ∞

Vertiefung:
↳ 494 444 4849 213 33 in Christus erhebe dich! (Befehl)

~ ✶ ~ ✶ ~ ✶ ~

Die Bereitschaft zum Empfangen plejadischer Nachrichten
↳ 12.000 80 800 12

~ ✶ ~ ✶ ~ ✶ ~

~ ✶ Kapitel 4 ✶ ~

Das Channeln der individuellen persönlichen Befreiungscodes

Überblick

Zahlencodes, Pleajden/Sirianer - Schutz, Schutz aus der eigenen Seelenheimat, Christuscode, Verbindungen herstellen für immer

Praktische Übung 1: welche Sternenheimat heilt dich?

Du kannst alle dir bekannten Namen testen oder dich mit deinem Herzen verbinden.

Dazu hilft dir folgende Anrufung - 3mal wiederholen:

Ich rufe die Macht meiner eigenen Seele
Ich rufe mich selbst hier und jetzt auf diesen Platz
Ich rufe mich in meine Sternenmacht
Ich rufe mich hier in mein Herzzentrum
Ich verbinde mich in ewiger Liebe und ewiger Kraft des Guten
Das Gute, die Liebe und die Macht meiner Sternenherkunft aktiviere ich hier und jetzt
Die Erinnerung rufe ich in mein Hier und Jetzt
Ich erlaube mir den Schleier des Vergessens zu lüften, vollständig und ganz
So, wie es für meine Seele gut ist
Die Macht der Liebe lenkt mich
Die Kraft der Liebe verbindet mich
Die Verbindung erhebt mich in das was ich bin
Ich bin der ich bin
Ich bin die ich bin

Wenn sich deine Sternenheimat noch nicht zeigt, nimm die Christusenergie.
Sie wohnt in jedem Herzen. Bitte um die Übertragung jetzt, unendlich. Die Rückanbindung ist dein Grundrecht.
Beanspruche das Recht fühlend zu wissen.
Deine Intuition führt dich in das Zentrum deines Wesens.

~ ✶ ~ ✶ ~ ✶ ~

Channeling:

Durch die Rückanbindung der Sternensaat aktiviert sich ihre Macht und ihre Kraft. Diese Aufgabe erhöht sie in ihre Seelenkraft und aktiviert ihr Sein.

Diese Schritte müssen vor dem Tod hier auf Erden durchschritten werden. Sonst kann es keine Meisterschaft auf Erden geben. Das ist unablässige Voraussetzung ab der 5. Dimension.

Die höheren Dimensionen dulden keine Retraumatisierungen innerhalb des Systems.

80% des Seelenpotentials müssen wieder angeglichen werden an die Höchste Seele und deren Seelenpotential. Deswegen können wir euren Wünschen nicht gleich entsprechen.

Die Vorarbeit ist unser Versprechen.
Wir müssen unsere Felder reinigen, erhöhen und angleichen.

Die Gnade ist uns sicher. Die Liebe zu den größeren Zusammenhängen hat dich dorthin gebracht, wo du jetzt bist.

Welche Tränen du auch immer weinst, wir sehen sie und erhören jede Bitte. Erhöhen: der niedrige Wunsch wird in einen kosmischen transformiert. Wenn du uns vertraust, lernst du mehr von dir als je zuvor. Wir sind die Föderation, die die Dunkelheit in ewiges Licht transformiert.
Nichts kann ohne Vorarbeit und eigene Transformation geschehen. Wir greifen erst ein, wenn deine Vorarbeit erledigt ist. Doch du weißt, dass dein Auftrag ein besonderer ist. Du erweckst die Macht der Sternensaat. Diese Kraft wird gefürchtet wie nichts auf der dunklen Seite. Diese Verbindung der Sternengeborenen soll auf der Erde reaktiviert werden. Damit werden Wunder wieder möglich.

Nur in der Verbindung mit den richtigen Lichtwesen kann diese Rasse wieder auferstehen. So wie es Gott in Jesus getan hat. So muss Gott in jedem einzelnen von euch erstehen. Diese Macht ist die einzig wahre dieser Welt. Die Ahnen sehnen sich nach deinen Worten und deinem Wirken. Du bist geheilt und gesegnet und somit entlassen aus der karmischen Ahnenreihe - jetzt.

Der Auftrag ist eine Ehre für meine Seele und ich nehme den Auftrag in Liebe an. So sei es.

Wie wird die Umsetzung auf dieser Welt sein?
Der galaktische Rat ehrt deine Entscheidung und schickt einen Code:

12 000 80 800 12 Bereitschaft zum Empfang

Alle Sterne sind erreichbar. Für dich.
Wähle die Zahlen von 1 – 12 und 12 Sterne sind erreichbar.

Die Arkturianer werden sich für den weiteren Zahlenunterricht melden.
Denn die Liebe ist eine Schwingung und die Heilung ein Code.

Verbindung herstellen und verstärken
Danke

~ ✶ ~ ✶ ~ ✶ ~

Praktische Übung 2:

Wie der Rat der galaktischen Föderation mit uns arbeitet.

Hier ist nun ein Beispiel wie die Lichtcodes die Kommunikation mit der intergalaktischen Föderation erleichtern.

Der Ablauf:

Zu Beginn integriere ich diesen Zahlencode in mein Herz. Ich visualisiere die Zahlenreihe in gold in meine linke Hand. Dann lege ich die Hand auf mein Brustbein, auf mein Herzzentrum. Ich schließe die Augen und atme tief ein und aus. Wenn Ruhe und Gelassenheit entstanden sind, dann erst fahre ich fort.

Höchste Anbindung an die Quelle allen Seins:
↳ 12 000 80 800 12

Meine Anrufung:

Ich bitte jetzt um Verbindung zum höchsten Wohle aller. Der höchste Schutz ist um mich herum. Ich danke meinen Drachen für vollkommene Reinheit im Kanal und spüre wie ihre Liebe mich nährt.

Pause

Die Übertragung beginnt.

Übertragung zum Thema:

„Deine Seele ist heute unruhig. Es gibt keinen Grund dafür. Wir stehen für dich ein. Alles was du tust, wird von uns überwacht. Wir halten das Unlicht von deiner Seele fern. Denn das ist der Preis, den du bekommst: Den kosmischen Schutz in unvorstellbarer Größe.
Die dunklen Kräfte werden vernichtet, wenn sie dich angreifen.

Zu deinem Weg gehört das Erschaffen des Rückzuges und die Heilung der Einsamkeit. Die Einsamkeit ist nicht dein Feind, sondern deine Bestimmung. Deine Aufgabe ist es, nicht abgelenkt zu werden. Keine Umarmung kann dir das geben, was der Glaube und die Liebe in der Verbindung zu uns geben kann. Lass die Illusion los, dass ein Mann dein Leben retten wird. Du bist bereits gerettet und öfter in der 5. Dimension, als du denkst. Du musst dich dafür nicht rechtfertigen.

Deine Tränen sind immer noch Tränen der Enttäuschung.

Sie werden geheilt sein, wenn du den Code anwendest:

Befreiung von undefinierbarer Traurigkeit
↳ 14 12 18 1888 1999 1777 in Ewigkeit verbunden

Du hast Angst verlassen zu werden, das hat mit deiner Mutter zu tun.

Gib diese Verlustangst zur Transformation frei hier:
↳ 1418110010212222 Erbarmen für die Fehler der anderen

Beziehungsfehler wirken sich auf die Beziehung zu den Partnern aus. Du wirst sie allein erlösen. Schicke diesen Code deiner Mutter. Ihre Seele ist nun im Reich der Erkenntnis.

Fühl dich getragen und gehalten.
Deine Liebe ist unendlich. Deine Arbeit wertvoll.
Vertraue uns und der Verbindung zur Wahrheit.
↳ 1 818 717 719 921 222 333

Pause

Die Gnade des Herzensuniversums wird dir zuteil.

~ ✶ ~ ✶ ~ ✶ ~

~ ✶ Kapitel 5 ✶ ~

Teil I

Heilarbeit für die Programmierungen des inneren Kindes
Integration der Seelenanteile für das innere Kind

Ausleiten von Prägungen in der Schwangerschaft

↳ 189 877 712 213 333 ∞144

Ausleiten von Fehlprogrammierungen vor dem Inkarnationszeitpunkt

↳ 141 222 255 598 999 9 ∞ 144

~ ✶ ~ ✶ ~ ✶ ~

Ausleiten der Schwangerschafts-Wochen 1 – 3
↳ 999 878 9999

Ausleiten der Schwangerschafts-Wochen 4 – 7

↳ 888 781 111 888 4 ∞144

Ausleiten der Schwangerschafts-Wochen 8 – 18
↳ 141 298 777 888 891 214 144

Ausleiten der Schwangerschafts-Wochen 19 – 29

↳ 333 121 477 78 ∞144

Ausleiten der Schwangerschafts-Wochen 30 – 40

↳ 4 ∞ 144 7 ∞

~ ✶ ~ ✶ ~ ✶ ~

Geburt
Befreiung von Angst und Schock (Geburtstrauma)

↳ 12 100 12.000 0 ∞144

~ ✶ ~ ✶ ~ ✶ ~

Stressbefreiung: Lebensmonat 1 – 3
↳ 141 868 643 918 144

Stressbefreiung: Lebensmonat 4 – 6
↳ 4 ∞ 144

Stressbefreiung: Lebensmonat 7 – 12
↳ 88 121 454 343 444 12 ∞ 144

~ ✶ ~ ✶ ~ ✶ ~

Jedes einzelne Lebensjahr (Testen) bis zum 21. Lebensjahr

Immer mit diesem Code starten und die Jahreszahl + unendlich anhängen

↳ 121 444 489 888 899 910 00 144

Beispiel:

Du hast im **7**. Lebensjahr etwas Heftiges erlebt.
Dann sieht deine Zahl so aus:

↳ 121 444 489 888 899 910 00 144 7

~ ✶ ~ ✶ ~ ✶ ~

Teil II

Heilarbeit für das innere Kind

Heilarbeit für das innere Kind – Kombiniert mit der Ahnenheilung Teil 2

- Was tun, wenn bestimmte Energien noch nie auf der Erde waren?
- Wie kann man das Unbekannte auffüllen?
- Hilfe und Unterstützung bei fehlenden Anteilen der Seele
- Ahnenhilfe
- Hunger stillen – auf allen Ebenen

~ ✶ ~ ✶ ~ ✶ ~

Fehlende Mutterliebe

↳ 444 91 44 212 91 ∞ 4

~ ✶ ~ ✶ ~ ✶ ~

Fehlende Vaterliebe

↳ 999 494 897 12 91 ∞ 8 ∞ 9

~ ✶ ~ ✶ ~ ✶ ~

Fehlende weibliche Ahnen

↳ 12 000 444 93 41 80 99 1 888 ∞ 12

~ ✶ ~ ✶ ~ ✶ ~

Fehlende männliche Ahnen

↳ 12 000 11 000 91 92 12 18 ∞ 4

~ ✶ ~ ✶ ~ ✶ ~

Anbindung an die spirituellen Ahnen

↳ 11 44 000 12.000 80 000 ∞ 4

Die Zahl 4 am Ende ist mit jeder beliebigen Zahl von 1 – 9 austauschbar, entsprechend dem Thema

~ ✶ ~ ✶ ~ ✶ ~

Rückanbindung an die aktive Gemeinschaft der Sternengeborenen

↳ 144 000 144

~ ✶ ~ ✶ ~ ✶ ~

Seelenhunger – wenn das innere Kind hungert
12 Wiederholungen pro Tag, 7 Tage lang

↳ 400 100 300

~ ✶ ~ ✶ ~ ✶ ~

Seelenhunger – vorgeburtlich/ mitgebracht aus früheren Leben

↳ 001 002 397 999 + ∞ – 48

~ ✶ ~ ✶ ~ ✶ ~

Integration des Seelenhungers
↳ 141 298 991 288 877 769 6 144

~ ✶ ~ ✶ ~ ✶ ~

Essen als Ersatz für Liebe bzw. Seelennahrung

↳ 900 12 990 12 999 ∞ 994

~ ✶ ~ ✶ ~ ✶ ~

Teil III

Korrektur von Fehlprogrammen von Anfang an

Ausleiten von Fehlprogrammierungen vor dem Inkarnationszeitpunkt

↳ 141 222 255 598 999 9 ∞ 144

~ ✶ ~ ✶ ~ ✶ ~

Vergebung für deine Mutter, wenn sie keine Liebe geben konnte

↳ 444 189 144 412 189 1

~ ✶ ~ ✶ ~ ✶ ~

Vergebung für deinen Vater, wenn er keine Liebe geben konnte

↳ 444 847 748 144 000 1

~ ✶ ~ ✶ ~ ✶ ~

Teil IV

Spezial-Codes

Code, um dein Lachen aus einer traumatisierten Kindheit zurückzuholen
Es basiert auf deinem Recht glücklich zu sein

↳ 14 98 777 12 777 121 433 3 ∞ die 3 144

~ ✶ ~ ✶ ~ ✶ ~

Code, um Kinder, die nicht genug Nahrung bekommen haben, zu nähren
Mein Code, um die Mutterleere endlich zu füllen

- Geistig und körperlich
- Kindheitsbefriedung
- Seelenhunger stillen

↳ 1412 333 919 899 12 144

~ ✶ ~ ✶ ~ ✶ ~

~ ✶ Kapitel 6 ✶ ~

Programm zur Vergebung / Ahnenheilung

Viele Themen sind in der Ahnenenergie gebunden.
„Denn sie wissen nicht was sie tun."

- Auch unsere Ahnen brauchen Hilfe und wollen Frieden
- Die Freiheit entsteht durch Erlösung auf beiden Seiten der Ahnenlinie
- Das Schweigen innerhalb der Familie wird erlöst
- Bewusste oder unbewusste Lügen werden entlarvt
- Du bist verbunden und sie sind in dir gebunden
- Alle Energiefelder können befreit werden
- Lass dir Zeit bei dieser sehr intensiven Arbeit
- Wiederhole immer wieder
- Die Erleichterung spürst du sofort in deinem Herzen

~ ✶ ~ ✶ ~ ✶ ~

Die Vergebung von allem Ungesagten

↳ 149 894 121 004 ∞

~ ✶ ~ ✶ ~ ✶ ~

Die Vergebung von allem Unwahren
↳ 121 212 einander folgende Einheiten der Liebe 3

~ ✶ ~ ✶ ~ ✶ ~

Vergebung der Mutter

↳ 222 121 314 15 Vergebung ∞

~ ✶ ~ ✶ ~ ✶ ~

Vergebung dem Vater

↳ 141 419 888 191 444 0 ∞

~ ✶ ~ ✶ ~ ✶ ~

Vergebung der Geschwister
– Erwartungen der Anderen löschen

↳ 122 002 000 489 27 31

~ ✶ ~ ✶ ~ ✶ ~

Vergebung der Großmutter – der weiblichen Ahnenreihe
(mind. 7 Reihen zurück)

↳ 941 218 333 191 284 ∞

~ ✶ ~ ✶ ~ ✶ ~

Vergebung des Großvaters – der männlichen Ahnenreihe
(mind. 7 Reihen zurück)

↳ 121 898 555 111 98

~ ✶ ~ ✶ ~ ✶ ~

Frieden mit allen Ahnen – Schritt für Schritt
↳ 777 789 798 111 144 000

~ ✶ ~ ✶ ~ ✶ ~

Auflösung der Erfolgsverhinderer aus der Ahnenreihe
(Ahnengift)
Unbewusst – Angst vor Erfolg der Ahnen

↳ 4111 800 012 191 008 ∞

~ ✶ ~ ✶ ~ ✶ ~

Auflösung der Ahnenlügen

↳ 4141 912 122 280 001 4 4 ∞

~ ✶ ~ ✶ ~ ✶ ~

Auflösung von Ahnen-Schwüren, - Eiden und - Gelübden

↳ 4141 289 444 192 291

~ ✶ ~ ✶ ~ ✶ ~

Auflösung der dunklen Macht die durch die ungelösten Traumen der Ahnen wirken (Energie- und Schattenverträge)

↳ 444 98 777 888 12 91

~ ✶ ~ ✶ ~ ✶ ~

~ ✶ Kapitel 7 ✶ ~

Befreiung des Unlichts

Die Transformationsarbeit für die neue Zeit
Wirken aus der 5. Dimension / Schattenarbeit

Auflösung der dunklen Macht, die durch die unerlösten Traumen der Ahnen wirkt
↳ 444 98 777 888 12 91

~ ✶ ~ ✶ ~ ✶ ~

Auflösung des satanischen Konzeptes der Trennung, des Schmerzes und der Unterdrückung
↳ 129 148 900 900 0

~ ✶ ~ ✶ ~ ✶ ~

Auflösungen aller dunklen Konzepte und deren Folgen für alle Beteiligten
↳ 1200 12 000 91400 999

~ ✶ ~ ✶ ~ ✶ ~

Auflösung aller falschen Verträge

beispielsweise die Verträge, die dunkle Menschen mit der Finsternis gemacht haben (Rockefeller Verträge)

↳ 99 100 000 99 12 18 Vergebung ∞

~ ✶ ~ ✶ ~ ✶ ~

Auflösung aller Übergriffe, des Seelenraubes und der Hypnotisierung durch fremde Mächte sowie falscher Manipulierung und absichtlicher Täuschungen

↳ 120 010 009 891 1 222 888 ∞ 144 000

~ ✶ ~ ✶ ~ ✶ ~

Auflösung aller Manipulationen aller Dunklen Mächte von anderen Planeten, Galaxien oder Reichen der Finsternis

↳ 149 7 333 999 ∞ 9 jetzt

~ ✶ ~ ✶ ~ ✶ ~

Code zum Verschweigen der Traurigkeit

Befreiung der Leber und Lunge

↳ 4 8 ∞ 144 000

~ ✶ ~ ✶ ~ ✶ ~

Code zur Wundheilung

↳ 444 181 222 397 8 ∞

~ ✶ ~ ✶ ~ ✶ ~

Dunkelheit aus den Wunden entfernen
z.B. nach Operationen aller Art

↳ 141 219 281 249 187 ∞

~ ✶ ~ ✶ ~ ✶ ~

~ ✶ Kapitel 8 ✶ ~

Schritte zur Befreiung von Fremdenergien aller Art

Befreiung von Fremdenergien aller Art muss mindestens dreimal wiederholt werden, manche je nach Bedarf öfter.

1. Codes bei reptiloidem Angriff

Schamanisches Angebot:

- Rufe immer die Drachenmedizin zu Hilfe und bitte um 24 Std. Unterstützung
- Die Drachen kommen immer
- Formuliere deine Bitte immer mit dem Abschluss: Jetzt
- Bleibe immer besonders ruhig, gelassen und klar
- Alle Dunkelheit muss der Wahrheit und dem Licht weichen

↳ 400 800 900 1200 1000 48 ∞144 000

↳ 14 12 000 80 91 92 400 900 800 ∞

Beide Codes verwenden!

~ ✶ ~ ✶ ~ ✶ ~

2. Code zur Öffnung des Portals

Code zur Öffnung eines Portals (zur Erlösung von dunklen Wesen):

Entfernung von Wesen die nicht in unsere Dimension gehören

↳ 40 80 60 90 9000 900.000 400.000 80.000.000 0 0 ∞

~ ✶ ~ ✶ ~ ✶ ~

3. Schäden in der Aura des Menschen reparieren

- bei Angriffen über die Aura
- Wiederherstellen einer geschlossenen Aura
- Ätherische Operationen
- für sogenanntes „Unerklärliches“

↳ 400 44 ∞ 1 ∞ 4 ∞ 12 ∞

~ ✶ ~ ✶ ~ ✶ ~

4. Anrufung zur Aktivierung der Christusenergie

↳ 333 144 333

Rufe die intergalaktische Förderation oder die Christusenergie.
Die Reptoherde wird auf eine andere Ebene durch ein Portal in eine andere Dimension geschickt.
Die Erde wird befreit.

Wenn die Liebe die höchste Schwingung 999 hat, dann kann alles nur in der Liebe sich finden um zu heilen. So auch die Reptos (Wesen, die ihr Herz und ihre Liebesfähigkeit meist noch nicht ganz entwickelt haben). Sie müssen die Erde verlassen, um ihr Sosein leben zu können.

Es ist sinnlos, sie zu verfluchen oder zu bekämpfen, denn bestimmte Rassen unter den Reptos werden sich niemals hoch entwickeln.

Fressen ist ihr Leben, ohne Bösartigkeit. So sollen wir ihnen ohne Bösartigkeit entgegentreten. In wertfreier Liebe ohne Verachtung, Hass oder Rache.

Wir müssen akzeptieren, dass es Wesen gibt, die nicht die Liebe wählen.

Es ist wichtig zu wissen, dass es keinen Zwang zur Erleuchtung gibt.

Die Liebe kann nur gewünscht werden. Wenn eine Sehnsucht im Menschen oder im Tier nach mehr Liebe entsteht, dann folgt das dem Gesetz der Resonanz. Und Liebe wird mit Liebe beantwortet.

Fragen werden mit Antworten gesegnet.
Antworten allerdings werfen neue Fragen auf.

Diese neuen Fragen werden dann so lange gestellt, bis heilende Antworten die Seele befreien. Der Prozess kann sehr lange - manchmal ein ganzes Leben - dauern.

So wird die Seele langsam Schritt für Schritt auf die höheren Dimensionen und deren Anforderungen eingestimmt. Eine ganz neue Ebene der Heilungsmöglichkeiten kommt so auf euch Menschen zu.

Die Ebenen sind rein geistig und stammen aus einer höheren Sphäre

Diese höhere Dimensionen sollen durch die Zahlencodes auf die Erde kommen.

Diese höheren Ebenen zeigen uns, wo wir hingehen, besonders für Heiler und Heilerinnen.

~ ✶ ~ ✶ ~ ✶ ~

Ein praktisches Beispiel: Spaziergang mit einer Freundin:

Anwendung des Codes

↳ 40 80 60 90 9000 900 000 400 000 80 000 000 0 0 ∞

Wir sind gemeinsam unterwegs im Urlaub. Die Natur ruft uns. Wir sind auf einer Lichtung an einem wunderschönen See. Zwei Bäume ziehen mich magisch an. Es stellt sich heraus, dass dort ein Portal in die Anderswelt ist. Genau zwischen diesen beiden Bäumen.

Ich verbinde mich. Die andere Dimension beginnt ihre Geschichte zu erzählen. Das Portal wurde von Unwissenden geöffnet und nicht mehr geschlossen. Die Wesen aus den anderen Dimensionen bitten um Hilfe. Es muss wieder geschlossen werden, damit sich die göttliche Ordnung wiederherstellt.

Ein Seelenanteil – meiner Freundin – hat sich unbewusst bereit erklärt zu helfen. Sie verschließt nun den Eingang in das Elfenland. Das klingt gut, ist aber auf Dauer nicht möglich. Wir verändern die unbewusste Hilfe in eine bewusste Korrektur. Ich bitte um einen Code, der die Dimension verschließt ohne die Seelenkraft meiner Freundin zu brauchen.

Ich erschaffe so das Gleichgewicht, um das Portal für die Reptos unsichtbar zu machen. Die Gefahr der Übergriffe aus andere Dimensionen ist gebannt. Keine persönlichen Anteile sollen dafür geopfert werden. In Ruhe gebe ich meiner Freundin ihren Seelenanteil in ihr Herz zurück, und sie fühlt sich besser als je zuvor. Auftrag erfüllt. Seelenanteil zurückgeholt. Und die göttliche Ordnung ist nun wiederhergestellt. Wir lächeln uns an.

Ein warmes Danke aus der andere Dimension strahlt in mein Herz. So erfüllt verlassen wir den Platz.

Was für ein Segen, diese Arbeit tun zu dürfen. Danke den Lichtcodes für die schnelle und nachhaltige Hilfe auch in der Natur.

Der Urlaub kann weitergehen.

~ ✶ ~ ✶ ~ ✶ ~

~ ✶ Kapitel 9 ✶ ~

Löschung von Negativ-Programmen aller Art

∞ — ∞

Bestimmung – Berufung – 5. Dimension

- Wie leben wir in der 5. Dimension?
- Neue Möglichkeiten der spirituellen Weiterentwicklung
- Grenzen aufheben
- Größer werden als je zuvor
- Lach dich in die höchste Schwingung - Lachen

Erhebung in die 4. Dimension durch die Sternencodes

↳ 444 144 000 12.000 884 ∞

Erhebe dich aus deiner Schwingung. Aus der höheren Perspektive kann Heilung geschehen und erlernte Angstmuster lösen sich leicht auf.

~ ✶ ~ ✶ ~ ✶ ~

Berufung aus spiritueller Sicht

↳ 999 100 112 48 930 9 ∞ 8 ∞ 7 ∞

12 Wiederholungen innerhalb von 48 Stunden

Deine Seele folgt deiner Bestimmung - immer.
Wenn du das bewusst annimmst, wird es ein anhaltender Erfolg.

~ ✶ ~ ✶ ~ ✶ ~

Erhebung in die 5. Dimension

↳ 555 580 555 ∞ 458

Alles strebt nach Höherem. So auch dein Körper, deine Seele. Lass deine Begrenzungen ruhen und verbinde dich mit der nächst höheren Dimension.

~ ✶ ~ ✶ ~ ✶ ~

Urvertrauen in alles was ist

- Vertraue der göttlichen Führung in deinem Leben
- Vertraue wieder dem Leben selbst
- Vertraue dir und deiner Bestimmung
- Du bist der Grund warum du hier bist
- Wenn du das weißt, dann wirke für andere
- Vertrauen ins Leben

↳ 444 893 413 2 ∞ 4 333

~ ✶ ~ ✶ ~ ✶ ~

~ ✶ Kapitel 10 ✶ ~

Die höheren Schwingungen
Die Codes der Verbindungen mit der Matrix

- Neugestaltung des Lebens
- Neuprogrammierung des Seelenplans
- Endgültige Befreiung aus Gesetzen von früheren Leben
- Eide, Schwüre und Gelübde beenden
- Astrale Befreiung
- Matrixarbeit für die Sternengeborenen
- Matrixarbeit für die Erde/Terra
- Matrixarbeit für die Galaxie
- Matrixarbeit für unser Universum
- Andere Galaxien und Universen/Omniversum
- Matrixarbeit für alle Wesen guten Willens

Wann setze ich diese besonders hoch schwingenden Codes ein?

- Beim Arbeiten mit der Akasha Chronik
- Bei Zeitlinien-Heilarbeit
- Bei karmischen Herausforderungen aus früheren Leben

~ ✶ ~ ✶ ~ ✶ ~

Matrixcodes

↳ 1.000.000 ∞

- Neustart und Schwingung aus höheren Dimensionen
- wenn mehr als 5D gebraucht wird

~ ✶ ~ ✶ ~ ✶ ~

↳ 2.000.000 ∞

- Wenn das Dualitätsprinzip auch schon in früheren Leben verletzt wurde
- Beispielsweise bei Täter-Leben und deren Aufarbeitung

~ ✶ ~ ✶ ~ ✶ ~

↳ 3.000.000 ∞

- Wenn es schwierig wird Abstand zu angsterfüllten Erlebnissen zu bekommen
- Erleichtert es, Beobachter/Adler zu werden

~ ✶ ~ ✶ ~ ✶ ~

↳ 4.000.000 ∞

- Herzheilung auf einer sehr hohen Ebene
- Göttliche Liebe empfangen
- Bedingungslos lieben lernen
- Keinerlei Wertung mehr leben

~ ✶ ~ ✶ ~ ✶ ~

↳ 5.000.000 ∞

- Wenn den Menschen nicht verziehen werden kann
- Bei der Unfähigkeit Tätern zu vergeben

~ ✶ ~ ✶ ~ ✶ ~

↳ 6.000.000 ∞

- Wenn du mit deiner Inkarnation haderst und keine Verbindung zur Erde spürst
- Warum bin ich hier?

~ ✶ ~ ✶ ~ ✶ ~

↳ **7.000.000 ∞**

- Wenn große kosmische Gesetze verletzt worden sind
- Wenn die göttliche Ordnung noch nicht hergestellt werden konnte
- Beispielsweise nach Kriegen oder Gruppenverletzungen

~ ✶ ~ ✶ ~ ✶ ~

↳ **8.000.000 ∞**

- Einsatz bei Wunden aus den früheren Leben

~ ✶ ~ ✶ ~ ✶ ~

↳ **9.000.000 ∞**

- Bei Verletzungen gegen die kosmische Ordnung
- Große Irrtümer unserer Existenz
- Matrix-Arbeiten
- Befreiung der dunklen Matrix

~ ✶ ~ ✶ ~ ✶ ~

~ ✶ Kapitel 11 ✶ ~

Die Codes aus den Videos von meinem Youtube Kanal

Hier kannst du die Videos anklicken:

https://www.youtube.com/c/ElisabethFSchanikDrachenfrauMaaryam144000

Hier die Lichtcodes aus den Freitags-Channelings & -Meditationen:

912 90 92 144 2 ∞	Das System der Schuld verlassen
333 399 933 333 ∞	Transformation in Christus
878 191 82 ∞	Inneren Mann aktivieren
219 921 248 1 ∞	Innere Frau aktivieren
414 493 429 ∞	Frieden für dein inneres Kind
492 134 9 ∞	Schütze dein Herz
218 949 32 ∞	Aura schließen
444 942 122 4 ∞	5D Bewusstsein, frei von Wertung
999 849 921 787 ∞	Spirituelles Wachstum
980 990 999 ∞ 444 2 ∞ 777	Wasser-Energetisierung „Liebe“

484 494 474 4 ∞	Herz Aktivierung
94 800 12 102 jetzt ∞	Ausstieg aus dem 3D Bewusstsein
200 400 900 ∞	Zellentgiftung
494 104 444 2 ∞	Versöhnung mit den männlichen Ahnen/ Verbindung herstellen
222 ∞ 424 849	Versöhnung mit den weiblichen Ahnen/Verbindung herstellen
333 ∞ 493 291 999 ∞ 240	Erhebe dich – Selbstannahme
112 294 444 200 100 3 ∞	Kontrolle loslassen
384 123 84903	Dankbarkeit
493 491 249 984 31 ∞	Ehre und Selbstachtung
444 747 ∞ 247 234 ∞	Frieden im Ahnenfeld
424 222 797 999 ∞	Ahnen-Heil – jetzt
222 ∞ 492 ∞ 222 ∞	Entspannung – frei von Stress
111 ∞ 1234 ∞ 841 842 jetzt	Neustart nach Verabschiedung
144 000 144 ∞	Aura schließen

4821 ∞ 144 000	Notfall
412 12 12 840 ∞	Herz-Balance
489 3211 4421	Abschluss von Prozessen
888 282 789 999	Fülle allgemein
489 200 300 400 800	Alles-was-ist
849 982 111	Mein aktives „Nein“

Auflösung der Dunkelheit
Diese speziellen Codes können im Rahmen einer Energiearbeit eingesetzt werden.
Dein Aurafeld wird gestärkt und das Unlicht transformiert.

Vorbereitung:
Sei frei von Angst und vertraue dir und deinem kosmischen Team.

Vertrauen allgemein:

444 888 282 2 ∞	Urvertrauen
242 123 111	Selbstvertrauen
989 797 848 424	Gottvertrauen
947 293	Frei von künstlichen Ängsten sein

Auflösung der Dunkelheit:

144 000 797 999	Energieverlust löschen allgemein
144 000 787 777	Löcher in der Aura schließen
144 000 484 742 103	Befreiung von Implantaten und Platten
333 535 232	Atlantische Platten/ Reduzierungen
999 797 212	Fremdmanipulationen allgemein
383 222 777	Mind control / Matrix auflösen

144 000 144	Angriffe des Unlichts
144 000 797 999	Toxische Wesen ablösen
144 000 797 ∞	Unspezifische Dunkelheit
144 000 ∞ 2	Unerklärliche Phänomene
144 000 979 989 777 ∞	Wenn du alles bereits versucht hast

Verbindung zu intergalaktischer Hilfe herstellen

333 939 333 ∞	Christuscode: Aktivierung der Christusenergie- Ebenen, ICH-BIN-Ebene
144 000 493 12	Intergalaktische Föderation
144 212	Ätherische Chrirurgen
144 213 333	Goldene Engel
Nur durch Gebet erreichbar	Throne/Metathronische Ebene
144 000 939 479 999	Aktivierung der Sternenheimat - Individuell + unterschiedlich Die Verbindung zum Wächter deiner Seele stärken

Schutz:

144 000 493 21 444 ∞	Aura Schutz individuell
144 000 999 Unsichtbarkeit jetzt	Unsichtbarkeitscode als Schutz (nur kurzzeitig anwenden)
492 134 9 ∞	Schütze dein Herz
218 949 32 ∞	Aura schließen
284 141 888	Aura-Schutz emotional
282 121 888	Aura-Schutz mental
231 494 848	Aura-Schutz astral (z.B. bei Besuch von Untoten)
144 000 999 999 ∞	Verbindung zum Seelenstern fixieren
999 1 999	Liebe erhöhen

Opfer/Täter entlassen:

444 412 333 214	Opferbewusstsein löschen
444 421 444	Täterbewusstsein löschen
424 222 55 22	Ohnmacht befreien
333 144 000	Eigene Macht zurückholen

434 333 213	**Integration meiner Seelenanteile**
888 789 777	Frieden mit meinen früheren Leben
777 898 222	Frieden mit meiner Dunkelheit / oder meinen dunklen Entscheidungen
999 797 777	Akasha Chronik neu informieren

Einsamkeit erlösen:

444 424	Verbundenheit mit Allem- was-ist herstellen
444 434 424 414	Seelenanteil der Einsamkeit integrieren
444 888 777	Einsamkeit als Schutz loslassen
444 333 321 4 ∞	Einsamkeit als Schutz vor der eigenen Macht erlösen
444 357 753	Einsamkeit als Illusion löschen Scheinbare Trennung aufheben

Selbstbestrafung beenden:

144 000 444	körperlich
144 030 443	seelisch
144 000 400	geistig
144 444 242	emotional
144 444 343	mental
144 000 999	spirituell
144 000 888	karmisch
144 000 ∞ 777 987 2	Alle Eide, Schwüre und Gelübde
144 000 ∞ 213 312	Verwünschungen von anderen
144 000 777 999	Magie/Unlicht
144 555 100 2	Falsche Gebete
144 55 323 111	Fremde Glaubenssätze
444 144 214	Fremde Angst und Programmierungen
000 414 014 2	Loslassen was nicht dir gehört

777 144 000 797 888	Jegliche Dunkelheit aus dem Körper und der Aura entlassen
14 12 19 28 12 49 18 7 ∞	Vergebung für alle Wesen aus allen Leben
141 24 98 212 144	Vergebe dir selbst

„Es gibt immer eine Lösung – wir müssen nur die richtige Ebene/Dimension finden" – mein Lebensmotto.
In tiefer Freude und inniger Verbundenheit.

Deine Maaryam die Drachenfrau

~ ✶ ~ ✶ ~ ✶ ~

FREQUENZBILDER

Einleitung

Diese Frequenzbilder sind bei meiner letzten Reise in den Himalaya zu mir gekommen.
Ich hatte plötzlich ungewöhnliche Linien in meinen Visionen. Wie von der anderen Seite angesagt, begann ich sie aufzumalen. Es war wie ein Eintauchen in eine andere Dimension. Der neue Kanal, der sich dabei manifestiert hat, hilft nun sehr schnelle Ergebnisse in 3 D zu manifestieren.
Der Körper reagiert viel schneller, wenn du von der richtigen Energie umgeben bist.
Du kannst dann viel effizienter alte Wunden schließen und Neues in dein Leben lassen.
Diese ganz neue Technik haben mir die nicht inkarnierten Sternengeborenen gezeigt. Sie wollen uns damit unterstützen.
Gleichzeitig wurde mir bewusst, dass wir, was Heiltechniken betrifft, ganz am Anfang stehen.
Wir sind noch Schüler.
Diese folgenden 40 Frequenzbilder sind der Anfang.
Bei den Einzelberatungen habe ich jedoch gemerkt, dass auch dieses System ständig wächst.
Da channele ich ganz individuelle Frequenzbilder. Sie gehören dann nur dem Klienten, für den ich sie gemalt habe.
Aus persönlichen Gründen werde ich diese hier natürlich nicht veröffentlichen.
Alle Bilder sind freigegeben. Sie sind zur Hilfe im Alltag gedacht.
Du brauchst sie nur offen im Raum liegen zu lassen. Sie wirken sofort.
Wenn du eine bestimmte Energie brauchst, öffne das Buch und lege deine linke Hand auf das Bild. Die Schwingung wird sofort übertragen.
12 Minuten oder solange bis du dich besser fühlst.
Ich schlafe oft neben den Frequenzbildern.
Auch befrage ich oft die Bilder. Welche Frequenz ist nun die wichtigste für mich?
So werde ich immer wieder zu Bildern geführt, die auch mich täglich weiterbringen.

Sie öffnen dein Herz und deine Seele lacht.

So wird Frieden gemacht.
Du erhöhst täglich - bei Anwendung – deine Frequenz. So können die Spirits viel leichter mit dir in Kontakt kommen und bleiben.
Dein spiritueller Kanal wird immer stärker, reiner und klarer.
Auch sind sie somit eine hervorragende Hilfe für jedes Channeling, für Meditation oder Energiearbeit.

Experimentiere damit. Schreibe mir deine Erfahrungen. Ich freue mich immer über dein persönliches Feedback.
Diese Frequenzbilder sind für uns alle gemacht. Gib sie weiter.
Deine Seele und die Seelen der Beschenkten werden es dir danken.

Die 5D Aktivierung kannst du untertags und in der Nacht genießen.
Wann immer du Zeit hast, dein Herz öffnet sich sofort.
Du bist dann dort von wo du herkommst.
In deiner Sternenheimat.

~ ✶ ~ ✶ ~ ✶ ~

Ich arbeite bereits mehr als ein Jahr schon erfolgreich mit den Lichtcodes. Mit der Zeit merkte ich, dass vor meinem inneren Auge bestimmte Bilder erschienen.
Sie sind völlig anders als bei anderen Visionen. Ich sagte liebevoll Stricherl und Punkterl malen. Aber es wurden immer mehr und mehr.
So begann ich diese Strichcodes aufzuzeichnen. Was du in den folgenden Zeilen siehst, mag für den logischen Verstand keinen Sinn ergeben.
Es sind Schwingungsfrequenzen.
Sie sind außerhalb unseres Verstandes entstanden. In Trance muss ich dann solange schreiben bis es vorbei ist.

Dann ist wieder ein neues Bild entstanden. Es erzeugt sofort beim Ansehen eine bestimmte Schwingung.
Lass dich ein und lass die Bilder offen in deinem Zimmer liegen. Sie erheben dich sofort aus dem wertenden Verstand in eine höhere Schwingungsebene. So kannst du viel leichter Lösungen finden, dich entspannen und deine Lage aus einer höheren geistigen Perspektive betrachten. So bekommt alles was so in deinem Leben geschieht mehr Sinn.

Was die Schwingungsfrequenzen noch alles können zeigt dir der folgende Überblick:

- Frequenzbilder schalten den logischen Geist aus und öffnen dich für völlig neue Wege und Lösungen

- Sie überwinden mit Leichtigkeit die mentalen „Neins" in deinem Kopf. Du wirst automatisch verbunden mit deiner Seele

- Sie kommen aus der göttlichen Urmatrix

- Sie erheben dich sofort in ein Feld der Transformation

- Sie unterstützen dein Erwachen und dein Wachbleiben

- Es fühlt sich manchmal still an und manchmal wie eine Lichtdusche

- Die Ursachensuche fällt weg, denn die göttliche Ordnung wird automatisch wiederhergestellt

- Du konzentrierst dich gleich auf das Konstruktive

- Es reicht völlig, wenn du die Bilder ansiehst und ihre Energie in dein Herz aufnimmst

- Dein Schwingungszustand verändert sich sofort

- Bilder und Codes können zusammen angewendet werden
- Die Christusmatrix breitet sich im Aura-Feld aus. Auch im Raum verändert sich das Feld
- Lügen und Unwahrheiten jeglicher künstlicher Matrix (KI) müssen dich verlassen. Überall wo du die Bilder auflegst entsteht in Sekunden ein freies Feld. Reinigung pur

Probiere mit den Bildern alles aus was deine Intuition dir vorschlägt. Du kannst auch ein Wasserglas draufstellen und die Information trinken.
Meist reicht es völlig, wenn du deine Hände drauflegst.
Genieße die neuen Wege der Heilarbeit.

Von Stern zu Stern geschrieben
Danke
Deine Maaryam

~ ✶ ~ ✶ ~ ✶ ~

Anrufung

Ich aktiviere nun den höchsten Code und die göttliche Frequenz für _______.
Die Frequenz aktiviert sich sofort in absoluter Fülle und Leichtigkeit.

Diese Frequenz weckt mein Gottesbewusstsein. Gott/Göttin in mir sind vollkommen frei und wach.

Alle Aktionen dienen dem höchsten Wohl aller.
Aus der Ewigkeit für die Ewigkeit, jetzt und für immer und immer.

Christus lebt nun ewig in mir.
Mein Versprechen wird erfüllt.
Die Aktivierung findet jetzt statt.
Nur ich kann es „aktivieren".

~ ✶ ~ ✶ ~ ✶ ~

Überblick

Hier einige Anwendungsmöglichkeiten, was die Frequenzen alles für dich tun können:

1. Das leichtere Arbeiten im 5D-Bewusstsein wird möglich
2. Die Frequenzen werden im Körper bis zur Zelle aufgenommen
3. Alte Frequenzen werden gelöscht und durch lichtvolle ersetzt
4. Jede andere spirituelle oder/und energetische Methode wird damit wirkungsvoller
5. Die Frequenzen wirken wie 9 Wellen innerhalb von/in 24 Stunden
   = das ist ein fixes Programm zum Fokussieren des neuen Lichtkörpers. Jede Frequenz funktioniert so. Manche strahlen noch länger
6. Du kannst sie in die Matrix einspeisen - für alle Lebewesen!
7. Sei dabei still und atme ruhig. Schließe deine Augen und fühle dich im Herzen
8. Du trittst ins Gottesbewusstsein ein = somit aktivierst du die Schöpfungsquelle allen Seins
9. Frequenzen und Lichtcodes dienen den Menschen zur Erleichterung für den Aufstieg in die nächsten Dimensionen (5D und höhere Dimensionen)
10. Programme des Unlichts können so rasch und einfach neutralisiert und ganz transformiert werden

Es werden noch viele Frequenzbilder kommen. Die Quelle ist unerschöpflich.
Probiere es aus.
Lass dein Leben höher schwingen. Dann wird eine höhere Resonanz in dein Leben treten.
Das was du wirklich brauchst und was mit deinem Herzen im Einklang ist, wird schneller erreichbar werden als je zuvor.

Viel Freude beim Erschaffen einer liebevolleren Welt.

~ ✶ ~ ✶ ~ ✶ ~

Vertiefende Informationen und Möglichkeiten diese auszubalancieren

- Reparaturen in der Aura
- Zeiterweiterungsfelder können erschaffen werden
- Unlicht in eine Blase einschließen und Zeit verlangsamen

Welche Fehlprogramme findest du in der Aura von Betroffenen?

- Armutsdenken
- Alle Gedanken an Getrenntheit
- Einsamkeitstraumen
- Verlassenheitstraumen
- Todesangst in allen Formen
- Löschung von Traumata aus erlebten Schattentoden
- Sternbewusstsein löscht alle Traumata in der richtigen Reihenfolge
- Löschung der Illusion von der Trennung des Christusbewusstseins

~ ✶ ~ ✶ ~ ✶ ~

F1: Liebe annehmen

Anwendungen:

- Fehlende Selbstliebe
- Selbstbestrafung jeglicher Art
- Bei Heilarbeit mit dem inneren Kind
- Nicht vergeben können
- Wenn Angst vor der Liebe da ist
- Wenn Liebe Angst macht
- Wenn die eigenen Grenzen zu schwach sind
- Wenn man nicht gelernt hat was Liebe wirklich ist
- Wenn Annehmen gleich mit - was muss ich zurückgeben - verbunden wird

~ ✶ ~ ✶ ~ ✶ ~

Affirmation:

Ich bin liebenswert und muss niemanden etwas beweisen
Ich bin schon die Liebe, die ich suche
Meine Liebe ist wertvoll

~ ✶ ~ ✶ ~ ✶ ~

F2: Für die Liebe öffnen

Anwendungen:

- Starker Rückzug aus der Welt
- Nicht mehr an die Liebe glauben können
- Der geistigen Welt nicht mehr vertrauen
- Liebe gibt es nicht für mich
- Herzthemen – auf allen Ebenen
- Angst vor der Liebe allgemein
- Wenn noch nie wirklich geliebt worden ist
- Zu hohe Erwartungen an den Partner
- Enttäuschungen von früher

~ ✶ ~ ✶ ~ ✶ ~

Affirmation:

Es gibt immer genug Liebe für mich
Das Leben umarmt mich
Mein Herz öffnet sich und ich will wieder vertrauen
Ich öffne mich für die Liebe und die Liebe öffnet sich für mich

~ ✶ ~ ✶ ~ ✶ ~

F3: Liebe anfordern

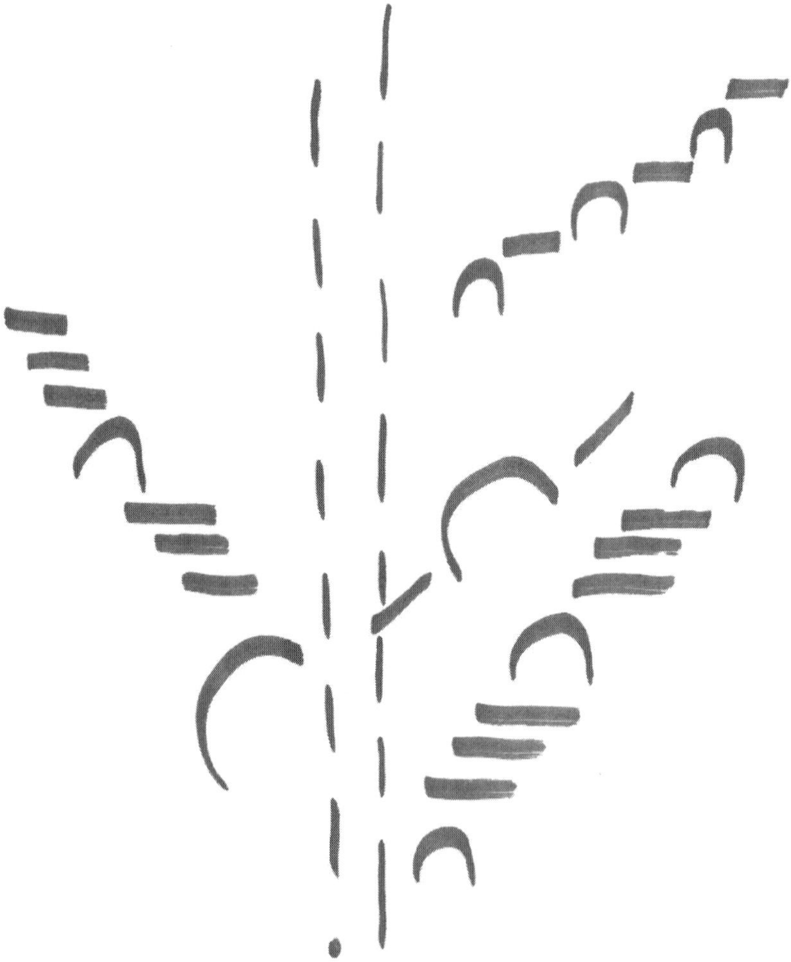

Anwendungen:

- Gottesbruch
- Verweigerung der Heilung
- Therapieresistenz
- Wenn es scheinbar nicht weitergeht
- Hoffnungslosigkeit
- Spirituelle Krisen
- Sinnkrisen – wozu das alles?
- Warum passiert das immer mir?
- Wo ist der Gott, der mich rettet? - Enttäuschung

~ ✶ ~ ✶ ~ ✶ ~

Affirmationen:

Die Universelle Liebe ist unerschöpflich
Ich bin unendlich wertvoll
Alle Selbstbestrafung lasse ich nun los
Die Liebe der Göttin schmilzt mein verschlossenes Herz
Die Liebe des Gottes in mir umarmt mich
Ich werde unendlich genährt von der Liebe des Universums

~ ✶ ~ ✶ ~ ✶ ~

F4: Herz öffnen / 7 Schichten

Anwendungen:

- Herzaktivierung
- Heilarbeit für das innere Kind
- Heilarbeit für die innere Frau
- Heilarbeit für den inneren Mann
- Ahnenheilung
- Versöhnung mit den Eltern
- Wieder lieben wollen
- Versöhnung mit deinen früheren Leben
- Abschluss jeder Heilarbeit

~ ✶ ~ ✶ ~ ✶ ~

Affirmationen:

Ich aktiviere mein Herz mir zuliebe
Ich aktiviere meine Kraft zu lieben
Ich liebe mich, deswegen kann ich die Welt lieben
Ich bin mit mir und meinen Eltern in Frieden
Ich bin mit mir und den Ahnen im Einklang
Lieben fällt mir leicht

~ ✶ ~ ✶ ~ ✶ ~

F5: Liebe dich / Selbstliebe

Anwendungen:

- Herz-Themen aller Art
- Selbstwert-Themen
- Selbstliebe erhöhen
- Selbstannahme
- Wie wichtig bin ich für mich?
- Zeit für dich einplanen
- Zeit für deinen Lebensplan
- Balanciert Liebeskummer
- Liebe neu erschaffen

~ ✶ ~ ✶ ~ ✶ ~

Affirmation:

Weißt du wie wichtig du bist?
Bist du für dich wichtig genug?
Deine Liebe ist unendlich wichtig
Strahle die Liebe aus, die du suchst
Du findest in der Selbstliebe dich!
Erhebe dich und liebe dich, als wärest du nie verletzt worden

~ ✶ ~ ✶ ~ ✶ ~

F6: Nicht-Liebe loslassen

Anwendungen:

- Löschung aller Selbstzerstörungsprogramme
- Löschung aller Lügen deiner Kindheit
- Löschung von Leistungsdenken
- Wunden aus Beziehungen löschen
- Vergebung – für dich und andere
  Dunkelheit transformiert sich ins Licht – besonders aus dem Herzen
- Bitterkeit verlässt dich
- Stimmungsschwankungen verschwinden
- Alte Vorstellungen völlig loslassen um ganz neu erschaffen zu können

~ ✶ ~ ✶ ~ ✶ ~

Affirmation:

Ich liebe mich mehr als je zuvor
Ich ehre und achte meine Wunden
Sie haben mich zu dem gemacht was ich heute bin
Ich bin frei von Bedingungen in der Liebe und im Leben
Mein Leben gehört der Liebe
Mein Leben ist frei von Un-Licht
Ich transformiere alles in höhere Dimensionen
Ich bin frei

~ ✶ ~ ✶ ~ ✶ ~

F7: Frei sein von der Vergangenheit

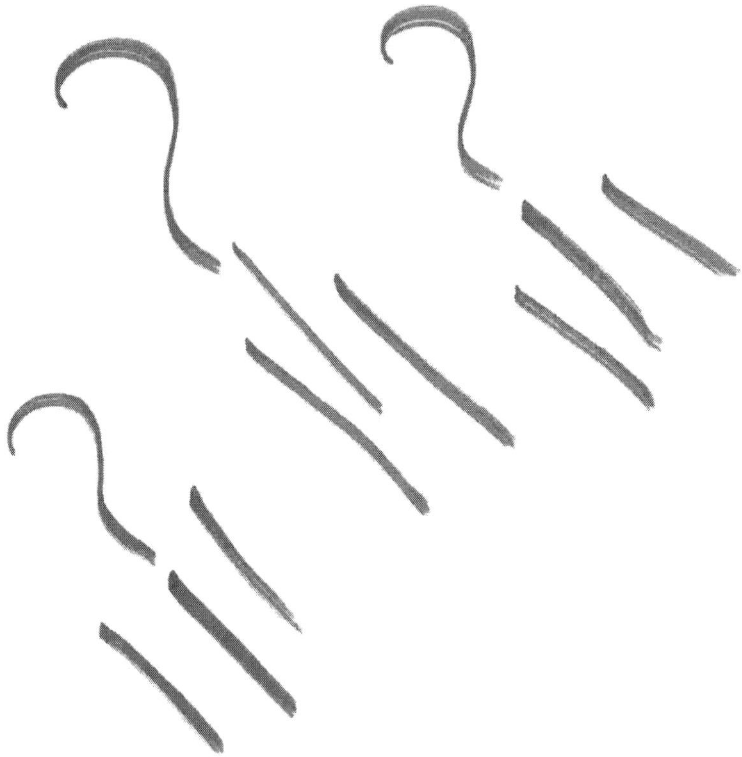

Anwendungen:

- Befreiung von bedrückenden Erlebnissen in der Kindheit
- Befreiung von Schocks und Traumata
- Angst verlässt dich
- Frieden kommt in dein Herz
- Frieden machen mit der Vergangenheit
-
- Entkoppeln von dunklen Erlebnissen aller Art
- karmische Entkoppelung
- Entkoppeln von Prägungen des Un–Lichts
- Du lernst deine Vergangenheit in Liebe einzuhüllen. Dann erst schreitest du voran

~ ✶ ~ ✶ ~ ✶ ~

Affirmationen:

Ich bin ab jetzt völlig frei und erschaffe im Jetzt
Mein Jetzt ist bestimmt vom Lichte Gottes
Die Göttin führt mich in das Licht das ich bin
Ich bin verbunden mit dem ewigen Licht
Keine Vergangenheit hat mehr Macht mehr über mich
Ich erhöhe mich jetzt in die Liebe des Einen
Die Quelle umarmt mich und zeigt mir den Weg
in die freie Liebe

~ ✶ ~ ✶ ~ ✶ ~

F8: Fülle; finanziell; aus dem Herzen heraus leben

Anwendungen:

- Bei Armutsdenken jeglicher Art
- Bei erlerntem Armutsdenken aus der genetischen Familie
- Wenn Erdung fehlt
- Schuld befreien
- Schuld der Ahnen transformieren
- Löschen von Schuld durch Schwüre, Eide und Gelübde
- Erkennen, dass die Natur Gottes Fülle ist
- Erkennen, dass du schon Fülle bist
- Spirituelle Unterstützung im Alltag herbeirufen

~ ✶ ~ ✶ ~ ✶ ~

Affirmationen:

Ich bin ein Teil Gottes
Gott ist Fülle für immer und immer
Ich bin somit Fülle
Ich aktiviere hiermit die Fülle auf allen Ebenen meiner Existenz
Fülle ist mein natürlicher Zustand
Ich erlöse alle Schwüre, Eide und Gelübde für mich, meine Eltern und Ahnen
Ich befreie mich von jeglichem Schuldgedanken und ersetze ihn durch Gedanken der absoluten Fülle auf allen Ebenen

~ ✶ ~ ✶ ~ ✶ ~

F9: bedingungslos lieben in 5D

Anwendungen:

- Alle Wertung loslassen
- Zu streng sein mit sich selbst und mit anderen
- Kontrollthemen aller Art
- Angst loszulassen
- Angst vor der Zukunft
- Angst vergessen zu werden
- Fehlendes Vertrauen in dich
- Fehlendes Vertrauen ins Leben
- Fehlendes Vertrauen in Gott

~ ✶ ~ ✶ ~ ✶ ~

Affirmationen:

Ich lasse alle Bewertungen für mich und andere los
Ich liebe mich mehr als je zuvor, auch mit all meinen sogenannten Fehlern
Ich liebe meine Unvollkommenheit
Ich nehme meine Angst an und wandle sie in Liebe
Ich nehme meine Unvollkommenheit an und umarme mich noch mehr
Ich will mir ab jetzt noch mehr vertrauen
Ich vertraue dem Leben, wohin es mich auch immer führt
Ich vertraue der göttlichen Führung, auch wenn ich nicht weiß wie es weitergehen soll
Das Leben ist immer für mich
Ich bin ein Kind der göttlichen Quelle
Es ist für mich vollkommen gesorgt, immer und immer

~ ✶ ~ ✶ ~ ✶ ~

F10: Wertfreiheit

Anwendungen:

- Kritiksucht – in jeglicher Art und Weise
- Ewige Suche nach Fehlern bei anderen
- Angst vor den eigenen Fehlern
- Zu starke Selbstbestrafung jeglicher Art
- Gottesbruch – es gibt keinen Gott für mich!
- Sich nicht vorstellen können, dass alles seinen Sinn hat
- Verweigerung der Hingabe an die göttliche Führung
- Beharren auf der Schlechtigkeit der Welt – die Bösen gewinnen doch immer!
- Vertrauen wieder aufbauen

~ ✶ ~ ✶ ~ ✶ ~

Affirmationen:

Ich lasse nun alle Versuchung der Kritik los
Ich höre auf, mich und andere
in meine Vorstellungen zu pressen
Ich höre auf, mich so sehr abzuwerten,
wie ich es gelernt habe
Ich verlerne meine Kritiksucht an mir und an anderen
Ich ersetzt sie durch Vertrauen
Ich will mir wieder vertrauen
Ich will den anderen vertrauen
Ich will wieder der göttlichen Quelle vertrauen

~ ✶ ~ ✶ ~ ✶ ~

F1a: Hingabe an das Leben

Anwendungen:

- Weigerung auf der Erde anzukommen
- Verweigerung des eigenen Körpers
- Weigerung den eigenen Seelenauftrag anzunehmen
- Fehlende Liebe zu den Menschen
- Starke Verurteilung, wenn Menschen Fehler machen Kritiksucht
- Zu streng mit sich selbst sein
- Zu streng mit anderen sein
- Vergebung will gelernt werden, sowie echtes Mitgefühl

~ ✶ ~ ✶ ~ ✶ ~

Affirmationen:

Ich öffne mein Herz für wahres Mitgefühl
Aus den Fehlern der anderen lerne ich
An den sogenannten Fehlern der anderen wachse ich
Ich umarme meine Fehler und akzeptiere sie
als wichtige Lernschritte
Ich akzeptiere mich so wie mein Lerntempo gerade ist
Ich bin frei von Wertung
Ich bin frei von Verurteilung von mir und anderen
Ich betrete den Raum der Wertfreiheit jetzt
Ich richte nicht und werde nicht gerichtet
Jede Bestimmung setzt sich im Gottesplan gerecht um
So sei es

~ ✶ ~ ✶ ~ ✶ ~

F2a: Aufnahme von Energie steigern – mehr Lichtfrequenz aufnehmen lernen

Anwendungen:

- Müdigkeit allgemein
- Energetische Leere
- Burn-Out – ausgebrannt sein
- Wenn die spirituelle Verbindung zu dünn ist
- Wenn du dein Licht erhöhen willst
- Wenn du bereit bist mehr Licht in deine Zellen strahlen zu lassen
- Wenn du dich der Lichtvollen Führung hingeben willst
- Loslassen jeglicher Kontrollversuche
- Ein wichtiger Schritt im Lichtkörperprozess

~ ✶ ~ ✶ ~ ✶ ~

Affirmationen:

Ich öffne mich für mehr Licht als je zuvor
Ich öffne mich für das Licht der ewigen Wahrheit
Ich verbinde mich mit der Energie der Ewigkeit
Meine Seele ist vollkommen mit meinem Körper verbunden
Meine Seele erinnert sich an das Licht der Wahrheit
Mein Körper atmet Licht in jede Zelle meines Körpers
Mein Körper spürt die Verbindung
mit der Quelle allen Seins
Ich bin angekommen in der Liebe des Einen
Jetzt

~ ✶ ~ ✶ ~ ✶ ~

F3a: Aufnahme II steigern

Anwendungen:

- Erschöpfung und ganzheitliche Ermüdung
- Nach heftigen körperlichen oder energetischen Prozessen
- Nach Befreiung von Blockaden aus dem Aura-Körper
- Nach Befreiung von der Dunkelheit jeglicher Art
- Nach aurachirurgischen Eingriffen
- Nach intergalaktischen Angriffen
- Nach einem Schock oder massiver Angst
- Bei Angstzuständen, die nicht erklärt werden können
- Zur Beruhigung von Kindern
- Zur Beruhigung von Tieren

~ ✶ ~ ✶ ~ ✶ ~

Affirmationen:

Ich trete ein in das Licht Gottes
Die 5. Dimension umarmt mich
Die höheren Dimensionen beschützen mich
Ich bin ein/e Hüter/in des Lichts und berufe mich auf meinen Lichtvertrag
Ich rufe mein Recht nach Freiheit auf allen Ebenen
Ich beruhige mein Ego
Ich entspanne meinen Geist
Ich verbinde mich mit der ewigen Quelle
Ich bin verbunden und sicher in Gott
Ich bin der/die ICH BIN

~ ✶ ~ ✶ ~ ✶ ~

F4a: Göttliches annehmen in dir (z.B. Gaben & Talente)

Anwendungen:

- Bei Ziellosigkeit und Chaos im Leben
- Bei Orientierungslosigkeit beruflich
- Bei Orientierungslosigkeit allgemein im Leben
- Wenn die Richtung im Leben fehlt
- Wenn der Glaube an eine höhere Kraft fehlt
- Wenn der Glaube an Gott und alles Göttliche von alten Strukturen geprägt ist
- Wenn das Gottesbewusstsein fehlt oder zu schwach entwickelt ist
- Wenn alte Prägungen ein neutrales Bild verwischt haben
- Bei Neuorientierung und Rückverbindung an die Quelle allen Seins

~ ✶ ~ ✶ ~ ✶ ~

Affirmationen:

Ich bin ein Teil Gottes
Gott ist neutral
Gott ist in mir und um mich herum
Ich bin immer verbunden mit Allem-was-ist
Alles was ist ist Gott
Du bist alles
Du bist verbunden
Es gibt nichts außerhalb von Gott
Die göttliche Einheit soll nun wieder fühlbar hergestellt werden
Jetzt und für immer
So sei es

~ ✶ ~ ✶ ~ ✶ ~

F5a: Vergebung für mich – Vergebung der Selbstverleugnung

Anwendungen:

- Selbstbestrafung
- Zu streng sein gegenüber eigenen erkannten Fehlern
- Besser ich werde bestraft als andere
- Besser ich nehme die Schuld auf mich, die anderen sind ja zu schwach
- Nur ich kann das lösen
- Fehlende Selbstachtung
- Fehlende Selbstliebe
- Ich bin niemand... Gedanken der Trennung
- Ich schaffe das nicht, z.B. ein spirituelles Leben

~ ✶ ~ ✶ ~ ✶ ~

Affirmationen:

Ich löse mich vollkommen aus meiner Selbstbestrafung, wie immer sie aussieht
Ich lasse jede Sucht los
Meine Suche ist beendet
Ich habe mich gefunden
Ich habe den Gott in mir gefunden
Ich habe die Göttin in mir gefunden
Ich verbinde mich mit meinen Selbstzweifeln und löse sie hiermit auf
Ich bin sicher in Gott und Göttin in mir
Ich bin in mir angekommen
Ich bin die Liebe

~ ✶ ~ ✶ ~ ✶ ~

F6a: Hingabe an das Göttliche in dir

Anwendungen:

- Selbstannahme
- Erwachen zu dem/der du wirklich bist
- Empfangen wer du wirklich bist
- Erkennen wer du wirklich bist
- Umarmen wer du wirklich bist
- Gott und Göttin sind Eins
- Du bist eins mit der Quelle allen Seins
- Trennung jeglicher Art – Lichtkörperverbindung herstellen
- Suche nach Verbindung mit der Quelle

~ ✶ ~ ✶ ~ ✶ ~

Affirmationen:

Die Quelle ist in Dir
Die Quelle ist unerschöpflich reich in Dir
Du bist die Quelle und deswegen unerschöpflich reich
Erkenne dich als Quelle aller Schöpfung
Erkenne dich als Licht der Einheit
Erkenne dich als Wegweiser für alle, die wirklich suchen
Erkenne dich
Du bist das was du suchst
Hör auf zu suchen und umarme dich
Es ist alles gut so wie es ist
Frei von Projektionen und Wünschen anderer
So sei es

~ ✶ ~ ✶ ~ ✶ ~

F7a: Frequenzverbindung von höheren und niedrigeren Energien

Anwendungen:

- Loslassen von niedrigen Energien
- Loslassen von herzlosen Wesen
- Loslassen der künstlichen Intelligenzen aller Art
- Loslassen von intergalaktischen Manipulationen
- Freiheit von der dunklen Matrix
- Erhöhung der lichtvollen Matrix in dir und um dich herum
- Auflösen der Dunkelheiten/Wesen/Anhaftungen
- Auflösen von Illusionen
- Ego-Befreiung – damit du die Wahrheit erkennen kannst

~ ✶ ~ ✶ ~ ✶ ~

Affirmationen:

Ich bin das Licht aus der reinen Quelle
Jegliche Dunkelheit muss mich verlassen
Ich bin sicher und geführt durch das göttliche ICH BIN
Ich bin frei von jeglicher Manipulation
aus allen Dimensionen,
Besonders aus ... (setze das ein was dich bedrückt)
Ich bin frei von den Erwartungen und Wünschen anderer
Ich bin frei von allen Illusionen
Ich bin mit Allem verbunden
Ich erlöse mein Ego im ewigen Licht der Quelle
Mein Ego transformiert sich in ewiges Licht -
deswegen bin ich frei
Ich bin frei
Für immer und immer
Ich bin der/die Ich bin

~ ✶ ~ ✶ ~ ✶ ~

F8a: Angstfreiheit auf allen Ebenen

Anwendungen:

- Befreiung von Ängsten aller Art
- Selbstwertsteigerung
- Bei Problemen mit der eigenen Macht
- Hilft die gute Macht in dir anzunehmen
- Hilft dich als Lichtkrieger/in zu sehen, wenn du eine/r bist
- Hilft dich wehren zu lernen
- Löschung des Opferbewusstseins
- Löschung der Angst vor der Zukunft
- Stärkt das Vertrauen ins Leben

~ ✶ ~ ✶ ~ ✶ ~

Affirmationen:

Ich bin wertvoll
Ich bin frei von Ängsten, die ich gelernt habe
Meine Macht ist in mir
Meine Macht setze ich in Liebe ein
Meine Macht kennt meine Grenzen
Ich kenne meine Grenzen und achte sie
Mein Vertrauen in meine Stärke wächst von Tag zu Tag
Mein Vertrauen in mich ist der Fels auf den ich bauen will
Mein Vertrauen in Gott wächst jeden Tag
Mein Vertrauen in die ewige Quelle macht mich zu dem was ich bin
Ich vertraue mir wieder voll und ganz
Ich will dem Leben vertrauen
Ich will der Quelle vertrauen
Ich vertraue meiner Bestimmung
Ich vertraue meinem Seelenauftrag
So sei es

~ ✶ ~ ✶ ~ ✶ ~

F9a: freifließende Liebe

Anwendungen:

- Bei Angst zu lieben
- Bei Angst nicht geliebt zu werden
- Bei der Angst beziehungsunfähig zu sein
- Bei Angst nicht gut genug – schön genug – schlank genug zu sein
- Minderwertigkeiten aller Art
- Bei der Unfähigkeit Liebe anzunehmen
- Alles geben aber nicht annehmen können
- Annehmen als Schwäche sehen
- Sich selbst als ewig stark sehen
-

~ ✶ ~ ✶ ~ ✶ ~

Affirmationen:

Meine Angst umarme ich
Meine Angst zeigt mir wo ich lernen darf
Ich verschmelze mit meiner Angst
Sie ist eine Lehrerin, die ich jetzt erkennen
und loslassen kann
Ich vertraue mir täglich mehr und mehr
Ich darf annehmen, was das Universum mir schenken will
Ich nehme die Geschenke des Universums freudvoll an
Meine Liebe ist wertvoll
Ich bin wertvoll
Ich liebe und werde geliebt
Das war so und wird immer so sein
Ich bin geliebt
Für immer und immer

~ ✶ ~ ✶ ~ ✶ ~

F10a: Liebe = Vergebung

Anwendungen:

- Bei Vergebungsarbeit jeglicher Art
- Wenn Frieden fehlt
- Wenn das Herz noch vor Schmerz verschlossen ist
- Wenn du spürst, du willst wirklich weiterkommen
- Bei Erfolgsblockaden jeglicher Art
- Wenn Themen mit der Selbstliebe auf dich warten
- Ahnenheilung
- Vergebung einer fordernden Kindheit
- Vergebung karmischer Herausforderungen aller Art

~ ✶ ~ ✶ ~ ✶ ~

Affirmationen:

Vergebung ist für mich
Vergebung ist für alle Beteiligten
Mit echter Vergebung beende ich all meine schmerzhaften Prozesse
Nur echte Vergebung kann mich wirklich befreien
Nur echte Vergebung kann mich selbst erlösen
Nur echte Vergebung kann mich selbst heilen
Ich vergebe mir, mich vergessen zu haben
Ich vergebe mir, die Lügen geglaubt zu haben
Ich vergebe mir, den Gott/die Göttin in mir verleugnet zu haben
Ich vergebe allen Tätern in meinem Leben
Ich vergebe für mich und den Frieden in mir
Ich habe die Befreiung gewählt
Jetzt und für immer
Vergebe ich mir
Jetzt
So sei es

~ ✶ ~ ✶ ~ ✶ ~

F1b: frei von ungesunden Aggressionen/ Wut/ Zorn

Anwendungen:

- Bei Aggressionen/Wut/Zorn jeglicher Art
- Nach Missbrauch
- Nach körperlicher Gewalt – Schläge aus der Kindheit
- Nach massiven Ohnmachtserfahrungen
- Bei Missbrauch in diesem und jedem anderen Leben
- Bei verbalen Übergriffen
- Bei autoaggressivem Verhalten
- Migräne
- Blinde Rachegedanken jeglicher Art

~ ✶ ~ ✶ ~ ✶ ~

Affirmationen:

Ich bin Herrin meiner Wut
Ich bin Herr meiner Wut
Ich darf wütend sein
Ich ehre meine Gefühle, wie immer sie sind
Ich suche Wege, meine Gefühle gefahrlos auszuleben
Ich bin geführt
Ich ehre und achte meine Antworten
Ich ehre und achte meine Worte
Ich beende mein Opfer jetzt
Ich beende meine Angst und empfange die Kraft der Göttin in mir
Meine Macht kommt voll und ganz zu mir zurück
Ich setze meine Macht richtig ein
Ich bin verantwortlich für das was ich tue
Ich atme mich in die Arme der Göttin
Ich folge meiner Intuition, wenn ich wieder ruhig bin
Gelassenheit strömt in mich
Mein Atem beruhigt sich jetzt
Mein Atem verbindet sich mit dem Atem Gottes
Ich bin ruhig, zentriert und stark
Die Lösung fließt leicht zu mir
Jetzt
So sei es

~ ✶ ~ ✶ ~ ✶ ~

F2b: Mutterenergie annehmen

Anwendungen:

- Bei fehlender Mutterliebe
- Zu wenig Nahrung (auch geistige) in der Kindheit
- Bei jeglicher Heilarbeit mit dem inneren Kind
- Bei Heilarbeit mit deiner Geburt und deiner Schwangerschaft
- Befreiung von der Angst vor Umarmungen
- Vertrauensaufbau
- Bei Misstrauen Frauen gegenüber
- Bei der Ablehnung der Weiblichkeit allgemein
- Bei Ablehnung des weiblichen Körpers – weiblich sein

~ ✶ ~ ✶ ~ ✶ ~

Affirmationen:

Ich umarme mich als Frau
Ich umarme meine Weiblichkeit
Ich umarme die Mutter in mir
Ich segne meine Mutter
wie immer die Beziehung war oder ist
ich umarme unsere Beziehung
Ich nehme meine Weiblichkeit an und ehre sie
Ich bin ein Kind der großen Göttin
Die Göttin wohnt in mir
Ich erreiche die Göttin immer durch mein Herz und meine Intuition
Ich vertraue mir
Ich vertraue dem Leben
Ich will den Menschen wieder vertrauen
Ich vertraue dem Lauf des Lebens
Alle Schmerzen bringen mich zu mir
Alle Frauen sind mit mir verbunden
Von Frau zu Frau ehre ich die Kraft der Weiblichkeit
Von Frau zu Frau ehre ich die Kraft der Mütter in mir
Diese Mutter und alle Mütter sind nun geachtet und geehrt

(für Frauen – Männer können ihre innere Frau damit ehren)

~ ✶ ~ ✶ ~ ✶ ~

F3b: Vaterenergie annehmen

Anwendungen:

- Bei Vaterthemen aller Art - Männerhass
- Bei Herausforderungen mit Autoritäten aller Art
- Keine Struktur im Leben haben
- Nicht planen können
- Dem Vater seine Taten nicht vergeben können
- Selber kein Vater sein wollen (für Männer)
- Dem Vater der Kinder nicht vergeben oder vertrauen können
- Gottesbruch – Gott als Mann anklagen
- Probleme mit Männern – Machtspiele

~ ✶ ~ ✶ ~ ✶ ~

Affirmationen:

Ich ehre und achte den Vater in mir
Ich achte die männliche Ahnenreihe
Ich danke für das Gute
Ich verabschiede mich von dem nicht Guten
Ich verbinde mich mit dem geheilten Mann in mir
Ich verbinde mich mit dem geheilten Mann aller Zeiten
Ich lass den Groll los
Ich erhebe mich aus dem Opfer und erlöse den Gottesbruch von meinen schlimmsten Momenten
Ich erhebe Gott in die Neutralität
Gott ist nicht männlich
Gott ist neutral - Gott und Göttin sind Eins
Ich umarme die Liebe meines Vaters
Alles andere verbrennt im ewigen Licht der Transformation
So werde ich frei, das ewige Gute meiner männlichen Ahnenlinie anzunehmen
Ich ehre und achte den Vater in mir
Ich ehre und achte das männliche Prinzip
Für immer und immer
Jetzt

(für Männer - Frauen können ihren inneren Mann damit ehren)

~ ✶ ~ ✶ ~ ✶ ~

F4b: Bestimmung annehmen

Anwendungen:

- Bei Orientierungslosigkeit
- Warum bin ich hier?
- Was ist mein Seelenauftrag?
- Wie werde ich wirklich glücklich?
- Anbindung an deine Seelenheimat stärken
- Anbindung an den Grund für deine jetzige Inkarnation
- Verbundenheit mit Allem-was-ist
- Herstellung des Einheitsbewusstseins
- Erkenne die Wichtigkeit der jetzigen Inkarnation

~ ✶ ~ ✶ ~ ✶ ~

Affirmationen:

Meine Bestimmung ist in mir
Ich bin die Bestimmung die ich suche
Ich bin verbunden mit allem was ICH BIN
Ich öffne mich für die göttliche Verbindung in mir
Ich ehre und achte mich für alles was ICH BIN
Mein Seelenauftrag offenbart sich mir
ganz leicht und einfach
Jetzt
Meine Seele will hier sein und wirken
Ich verbinde mich mit meinem Seelenauftrag
Und er lebt durch mich
Jetzt
Ich bin willkommen hier auf Erden
So sei es

~ ✶ ~ ✶ ~ ✶ ~

F5b: Traumata Löschung

Anwendungen:

- Wichtig bei Energiearbeit jeglicher Art
- Schamanisches Reisen
- Befreiung von Ungesagtem
- Befreiung von den Auswirkungen von Schocks
- Befreiung von karmischen Erlebnissen
- Frei sein von den Folgeerlebnissen aus früheren Leben
- Zur Tiefenentspannung
- Zum Abschluss eines Prozesses
- Für tiefe Ruhe und Stabilisierung

~ ✶ ~ ✶ ~ ✶ ~

Affirmationen:

Meine Seele ist unantastbar
Meine Seele ist unverwundbar
Ich bin unantastbar und unverwundbar
Ich bin im ewigen ICH BIN geschützt und geborgen
Meine Wächter wachen über mich
Meine Seele ist frei von Erinnerungen aus schweren Tagen
Die Dunkelheit siegt niemals
Die Dunkelheit zerstört sich selbst
Ich erhebe mich und bin frei von Rache jeglicher Art
Ich bin ein Kind des Lichts und handle danach
Die Wächter meines Lichtes achten auf mich
Ich bin frei von solchen Kreationen
Ich bin frei mir eine geheilte Zukunft zu erschaffen
Jetzt
So sei es

~ ✶ ~ ✶ ~ ✶ ~

F6b: Angst vor Menschen

Anwendungen:

- Karmische Erinnerungen an Täter oder Folterer
- Prägungen aus früheren Leben
- Vaterthemen – Angst vor dem eigenen Vater
- Angst vor der Macht anderer Menschen
- Befreiung von Opferbewusstsein jeglicher Art
- Nach traumatischen Erfahrungen
- Wenn die Ängste nicht erklärt werden können
- Vertrauensbruch
- Gott gibt's nicht

~ ✶ ~ ✶ ~ ✶ ~

Affirmation:

Ich bin vollkommen beschützt und sicher
Mein Vertrauen ins Leben wächst jeden Tag
Mein Vertrauen in die guten Menschen wächst jeden Tag
Ich vertraue mir jeden Tag ein bisschen mehr
Mein Selbstvertrauen ist wie ein starker Baum in mir,
Gesund und vital kann ich mich an ihm stützen
Ich gieße meinen Selbstwertbaum täglich mit guten
Gedanken und Gefühlen, die mich glücklich machen
Mein Opfer ist beendet
Meine Kraft kommt zu mir zurück
Ich bin täglich selbstbestimmter
Ich will täglich der Quelle allen Seins mehr vertrauen
Ich bin gehalten und geführt
Ich bin getragen und geliebt
Die Liebe nährt mich und heilt alle Wunden
Ich bin in den Armen der Göttin zu Hause
So sei es

~ ✶ ~ ✶ ~ ✶ ~

F7b: ICH BIN

Anwendungen:

- Immer - bei jedem Heilungsschritt kombinierbar
- Start und Ende einer Sitzung
- Bringt dich ins Gottesbewusstsein
- Pure Christusenergie
- Erhebt dich – dein Ego aus dem Alltag
- Meditationshilfe
- Einleitung für einen längeren Prozess
- Wenn du dich verlaufen hast
- Reinige Räume damit

~ ✶ ~ ✶ ~ ✶ ~

Affirmation:

ICH BIN
Der Anfang und das Ende
Es gibt nichts außerhalb des ICH BIN
Ich bringe dich in die Liebe zurück
Ich führe dich in den Wesenskern der du bist
Ich entspanne dich
Ich befreie dich
Ich helfe dir deine höheren Ziele zu erreichen
ICH BIN ohne Wertung
ICH BIN frei von Urteil
ICH BIN unabhängig
ICH BIN deine Seele
ICH BIN immer da für dich
Ich umarme dich und erfülle dich mit deiner Wahrheit
Suche mich in dir und du wirst mich immer finden
Ich bin der/die ICH BIN
Für immer und immer
Jetzt

~ ✶ ~ ✶ ~ ✶ ~

F8b: Frieden mit mir schließen

Anwendungen:

- Abschluss von Prozessen
- Frieden mit meinem jetzigen Leben schließen
- Frieden mit früheren Leben und Erlebnissen schließen
- Selbstwertgefühl aufbauen
- Selbstachtung nach Missbrauch aufbauen
- Frieden mit der Vergangenheit schließen
- Aufhören mit Selbstbestrafungsprogrammen jeglicher Art
- Beenden von Selbsthass
- Autoaggressionen beenden

~ ✶ ~ ✶ ~ ✶ ~

Affirmationen:

Ich nehme mich selbst an - bedingungslos
Ich ehre und achte mich und meine Vergangenheit
Ich bin mit mir in Frieden
Ich achte mich und all meine Erfahrungen aus früheren Leben
Die Guten und die nicht Guten haben mich zu dem gemacht
was ich heute bin
Ich bin gut
Ich liebe mich ab heute mehr als je zuvor
Ich beende alle Selbstbestrafungsprogramme aus aller Zeit
Ich erhöhe meine Fähigkeit mich selbst zu lieben ins
Unermessliche
Ich bin es wert unendlich geliebt zu werden
Ich liebe mich ab sofort unendlich
Und für immer
Nichts und niemand bringt mich je wieder von meiner Liebe zu
mir ab
Mein Entschluss steht fest
Ich bin liebenswert
Für jetzt und für
Immer und immer
So sei es

~ ✶ ~ ✶ ~ ✶ ~

F9b: „Alle retten wollen“ löschen

Anwendungen:

- Helfersyndrom
- Falsche Motivation beim Helfen
- Andere sind wichtiger als ich
- So wichtig bin ich nicht
- Besser ich trage den Schmerz als andere
- Vielleicht sind sie zu schwach dafür?
- Ich weiß besser wie es geht – übertriebene Korrektur an anderen
- Überheblichkeit anderen Menschen gegenüber
- Leid nicht ertragen können – das eigene und fremdes

~ ✶ ~ ✶ ~ ✶ ~

Affirmationen:

Jede Seele ist gleichwertig
Ich helfe, wenn ich gefragt werde
Wenn ich nicht gefragt werde, halte ich mich zurück
Meine Liebe ist wertvoll
Ich definiere mich nicht durch mein Helfen
Ich biete Möglichkeiten
Alle Lernschritte sind gleichwertig
Ich nehme mein Leid an
Ich ehre und achte das Leid der anderen
Ich ehre die Schritte der Anderen
Jede Seele heilt in ihrem Tempo
Ich werte nicht den Fortschritt
Ich bin Wegbegleiter/In
Ich bin Adler/In
Ich bin in mir und ruhe
Ich achte und respektiere jede Seele
Jeder Schritt muss gegangen werden
Kein Schritt darf übersprungen werden
Somit ist jeder Schritt der wichtigste für jetzt
Ich heile mich selbst
Ich achte die Heilschritte der anderen
Kein Erfolg oder Misserfolg ändert etwas an meiner Energie
So sei es

~ ✶ ~ ✶ ~ ✶ ~

F10b: Pure Selbstannahme

Anwendungen:

- Für die Anerkennung deiner inneren Heilerin
- Für die Anerkennung deines inneren Heilers
- Selbstliebe
- Selbstachtung für deinen Weg
- Annehmen wer und was du bist
- Wertfreiheit
- Frei sein von Angst
- Frei sein von der Angst vor dir selbst
- Frei sein von der Angst vor der Göttin/dem Gott in dir

~ ✶ ~ ✶ ~ ✶ ~

Affirmationen:

Wenn in mir Ruhe ist, dann bin ich in Frieden
Wenn ich in mir ruhe, dann bin ich vollkommen beschützt
Wenn ich in mir ruhe, bin ich frei von Angst
Mein Seelenkern bestimmt meine Aufgabe in diesem Leben
Mein Sternenbewusstsein strahlt durch mein Herz
in mein Leben
Meine Liebe sagt mir wo ich hingehöre
Meine Liebe leitet mich
Meine Liebe lässt mich erkennen wer ich bin
Durch meine Fähigkeit täglich mehr zu lieben erkenne ich
die Erde in neuem Glanz
Ich nehme mich selbst bedingungslos an
Ich erkenne mich selbst bedingungslos
Ich gebe mich meiner Seelenaufgabe bedingungslos hin
Ich bin angekommen
Jetzt und für immer

~ ✶ ~ ✶ ~ ✶ ~

F1c: Befreiung physisch – allgemein

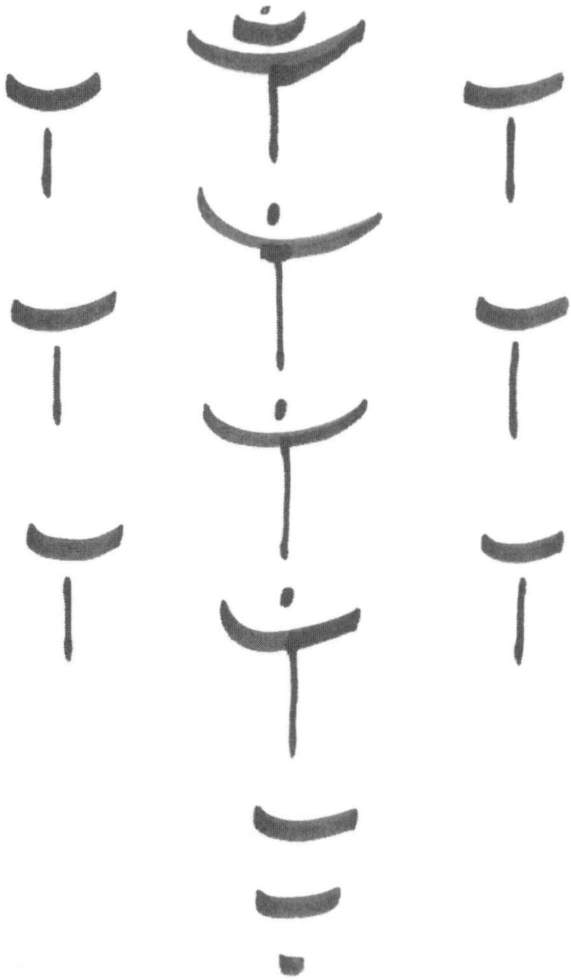

Anwendungen:

- Bei Prozessen aller Art einsetzbar
- Zur Erholung
- Zur Tiefenentspannung
- Um Prozesse zu begleiten
- Um Prozesse zu befreien
- Stressreduktion
- Entspannung
- Befreiung von Widerständen
- Energie sammeln für den Ausgleich

~ ✶ ~ ✶ ~ ✶ ~

Affirmation:

Ich liebe mich so wie ich bin
Ich nehme meinen Körper vollkommen an, egal wie er jetzt gerade ist
Der physische Zustand stimmt sich vollkommen mit meinem Lichtkörper ein,
Die beiden verschmelzen im Licht der göttlichen Einheit
Ich umarme meine Körperzellen
Ich umarme meine Organe
Ich umarme meine Knochen
Ich umarme mein Körperbewusstsein
Ich segne mein Körperbewusstsein
Ich liebe mein Körperbewusstsein und bedanke mich für die vollkommene Heilung auf allen Ebenen,
jetzt.
Für immer und immer

~ ✶ ~ ✶ ~ ✶ ~

F2c: Befreiung mental – allgemein

Anwendungen:

- Auflösen von allen negativen Glaubenssätzen
- Auflösen von dunkeln Normen, Werten
- Karmische Glaubenssätze auflösen
- Falsche Ahnen-Glaubenssätze löschen
- Befreiung von Eiden, Schwüren und Gelübden
- Befreiung von der mentalen Schattenmatrix
- Befreiung von Ursachen im Mentalkörper
- Befreiung von Lügen und Intrigen auf allen Ebenen
- Befreiung für deine Seele – aus allen Erinnerungen

~ ✶ ~ ✶ ~ ✶ ~

Affirmation:

Ich erlöse meine dunklen Glaubenssätze
aus meinem Mentalkörper
Mein Mentalkörper wird nun erfüllt von
göttlicher Wahrheit
Überschäumendes Licht durchflutet meinen Mentalkörper
Mein Mentalkörper schmilzt auf eine gute und
angemessene Größe zurück
Ich entscheide wie ich denke
Ich entscheide welche Gedanken wahr sind
Ich lösche alle negativen Glaubenssätze
Meiner Ahnen,
Meiner Vergangenheit
Und alle Programmierungen von früheren Leben
Alles was für mich nun nicht mehr förderlich ist, löst sich
im ewigen Licht der göttlichen Quelle auf
Jetzt und für immer
So sei es

~ ✶ ~ ✶ ~ ✶ ~

F3c: Befreiung spirituell = göttliche Ordnung herstellen

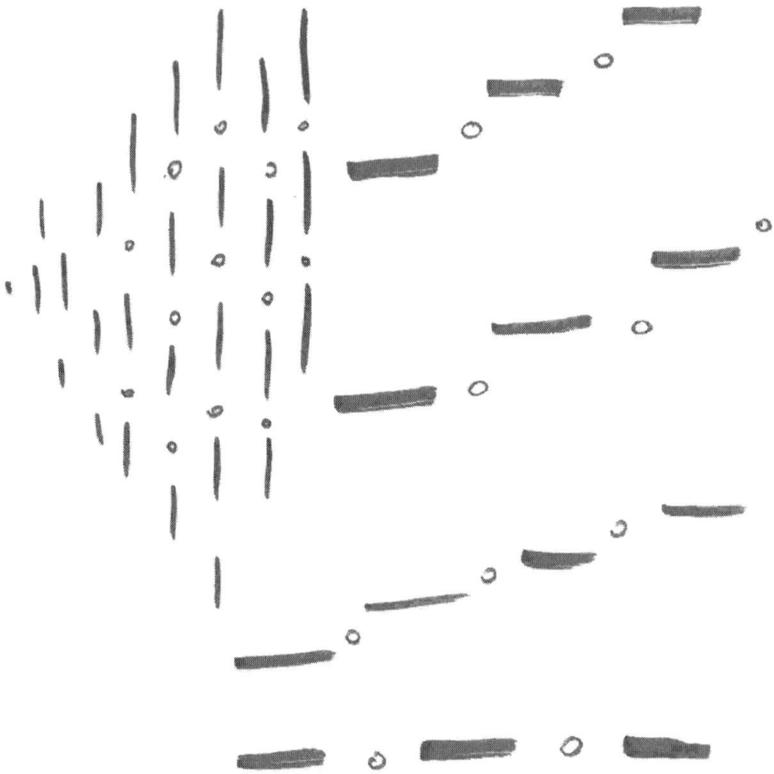

Anwendungen:

- Bei spirituellen Krisen
- Gottesbruch
- Wenn an nichts mehr geglaubt wird – es gibt keinen Gott
- Wenn es nicht weitergeht
- Verbindet das Ego mit dem höchsten Selbst
- Führt zur Selbsterkenntnis - Wer bin ich?
- Verbindet das Ego mit der Seele
- Seelenkommunikation verstärkt sich
- Einheit wird hergestellt

~ ✶ ~ ✶ ~ ✶ ~

Affirmation:

Ich aktiviere die göttliche Ordnung für mich
Hier und jetzt aktiviere ich diese Kraft
Die Göttliche Ordnung flutet meinen gesamten Körper
Ich bin in Frieden mit dem Leben und
mit meiner Bestimmung
Gott Vater und Mutter sorgen sich um mich
Ich bin vollkommen beschützt
Die Quelle selbst hütet mein Leben
Mein Ego verschmilzt mit meiner Seele
So kommuniziert meine Seele klar und einfach mit mir
Ganz leicht kann ich wahrnehmen was mir gut tut
Danke, dass gerade jetzt die göttliche Einheit
wiederhergestellt wird
So sei es
jetzt

~ ✶ ~ ✶ ~ ✶ ~

F4c: Strukturelle Ordnung

Anwendungen:

- Anwendungen bei Beschwerden in der rechten Körperhälfte
- Bei Herausforderungen mit dem Vater oder den männlichen Ahnen
- Wenn der Vater fehlt
- Wenn der Vater geistig oft abwesend war
- Fehlender Schutz
- Gibt Stabilität
- Versöhnung mit dem männlichen Prinzip allgemein
- Versöhnung mit dem inneren Mann
- Bei Antriebsschwäche

~ ✶ ~ ✶ ~ ✶ ~

Affirmationen:

Ich ehre und achte das männliche Prinzip in mir
Meine Vaterenergien sind vollkommen mit der Quelle verbunden
Ich verbinde mich mit der Liebe des Vaters
Ich spüre den Schutz um mich herum
Wenn mein physischer Vater fehlte, dann rufe ich nun den Schutz und die Geborgenheit meines geistigen Vaters
Ich umarme meine Aktivität und lebe sie im für mich richtigen Maß
Mein innerer Mann wird täglich genährt und gestärkt,
Mein inneres Feuer wärmt seine Seele
Ich bin stark und verbunden mit der liebevollen Kraft meines inneren Mannes
Jetzt und für immer

~ ✶ ~ ✶ ~ ✶ ~

F5c: Energetische Klarheit

Anwendungen:

- Konzentrationsschwäche
- Müdigkeit durch Überlastung
- Augenentspannung
- Focus finden
- Chaos beseitigen
- Ordnung in den Gedanken und in der Aura erschaffen
- Verhindert ausweichen – bei Prozessen
- Klarheit der Gedanken - gesprächsbegleitend
- Emotionen sind fokussierter

~ ✶ ~ ✶ ~ ✶ ~

Affirmation:

Ich bin klar in meinen Gedanken
Ich bin vollkommen fokussiert auf das lichtvolle Ziel
Ich bin in mir ruhend
Ich bin frei von Ablenkungen
Ich weiß warum ich das tue und genieße auch längere Prozesse
Ich entspanne meinen Geist
Nur das Wichtigste kommt nun in mein Bewusstsein
Jegliches Chaos und Unordnung verlassen mich im Moment
Ordnung ist mein natürlicher Zustand
Ich bin klar und ruhe in mir
So sei es

~ ✶ ~ ✶ ~ ✶ ~

F6c: Wahrheit

Anwendungen:

- Hilft bei der Suche nach der Wahrheit
- Lügen und Unwahrheiten verlassen den Raum
- Die göttliche Wahrheit tritt in den Vordergrund
- Halsschmerzen
- Schwierigkeiten Dinge auszusprechen
- Bei Schwierigkeiten sich zu fokussieren, weil die Wahrheit so weh tut
- Wenn emotionale Verletzungen die Sprache blockieren
- Wenn Angst vor Bestrafung z.B.Kinder hemmen, die Wahrheit auszusprechen
- Bei Sprechblockaden allgemein
-

~ ✶ ~ ✶ ~ ✶ ~

Affirmationen:

Ich rufe die göttliche Wahrheit
Jegliche Lüge und Unwahrheit verläßt mich, jetzt
Ich spreche meine Wahrheit
Meine Wahrheit heilt mich, egal wie sie lautet
Ich erlaube mir alles auszusprechen
was meine Seele bewegt
Durch meine Worte informiere ich meine Seele neu
Ich achte auf meine Worte
Ich spreche eine gute und lichtvolle Sprache
Worte sind Energie
Gute Energie heilt
Meine Wahrheit ist immer mit meiner Seele verbunden

~ ✶ ~ ✶ ~ ✶ ~

F7c: Energetische Nahrung – Sehnsucht stillen

Anwendungen:

- Seelenhunger
- Emotionales Essen
- Nicht satt werden
- Essen als Ersatz für Liebe
- Bei Liebesentzug
- Ersatzbefriedigung jeglicher Art
- Auf der Suche sein...Sucht
- Lustlosigkeit
- Wenig Freude am Leben haben

~ ✶ ~ ✶ ~ ✶ ~

Affirmationen:

Ich nähre meine Seele energetisch
Meine Seele bekommt das Licht und die Informationen die sie braucht
Ich entlasse das Essen aus meiner Suche
Ich nähre mich energetisch
Ich liebe mich mehr als je zuvor
Ich erfülle mein inneres Kind mit Liebe
Ich nähre mein inneres Kind, bis es gesättigt ist
Ich liebe und ehre mein inneres Kind, bis es satt ist
Ich lasse Ersatzbefriedigungen einfach sein
Ich übernehme die Verantwortung für mein Sein
Ich aktiviere meine Lust am Leben
Meine Lust sagt mir wo ich Energie bekomme
Ich folge meinem Herzen und nähre mich täglich
Meine Nahrung soll aus Liebe bestehen
Ich liebe mich
Für immer und immer

~ ✶ ~ ✶ ~ ✶ ~

F8c: Innerer Frieden – Stille

Anwendungen:

- Wenn du Frieden und Ruhe brauchst
- Zur Entspannung
- Zum Energie tanken
- Stille genießen
- Angst vor Stille verlieren
- Frieden in der Stille aktivieren
- Meditieren
- Ego zum Schweigen bringen
- Lauschen was die Göttin sendet – offen für deine Sensitivität

~ ✶ ~ ✶ ~ ✶ ~

Affirmation:

Ich ruhe in mir
Ich ruhe in der Göttin
Ich ruhe in Gott
Ich werde still und atme
Ich leere meine Gedanken aus
Und lausche der Stille
Mein Atem führt mich durch die Stille
Ich atme in die Leere
Ich genieße die Verbundenheit mit Allem-was-ist
Ich bin verbunden, wenn ich still bin
Ich bin immer verbunden
Meine Seele stillt ihren Hunger in der Stille
Sei bereit zu empfangen
Sei still
Und lausche deiner Seele
jetzt

~ ✶ ~ ✶ ~ ✶ ~

F9c: Ruhe finden – Energie aufladen

Anwendungen:

- Abends
- Wenn du Ruhe brauchst
- Bei Einschlafschwierigkeiten
- Wenn du dich leer fühlst
- Wenn du dich verlassen oder einsam fühlst
- Nach Krankheit oder Operationen
- Bei Burn-Out
- Bei deiner täglichen Meditation
- Zum Aufladen deiner Energiezentren (täglich wichtig)

~ ✶ ~ ✶ ~ ✶ ~

Affirmationen:

Ich komme bei mir an
Ich komme in meinem Seelenreich an
Ich komme bei Gott und Göttin in mir an
Ich bin bei mir angekommen
Die Arme der Göttin in mir empfangen mich
Die Arme des Gottes in mir empfangen mich
Die Arme meiner Ahnen empfangen mich
Ich ruhe in der Energie der Ahnen
Ich ruhe in Gott/Göttin
Ich ruhe in meiner Bestimmung
Ich ruhe in mir
Für jetzt und für immer
So sei es

~ ✶ ~ ✶ ~ ✶ ~

F10c: Frieden im Herzen

Anwendungen:

- Abschluss aller energetischen Prozesse
- Wenn du Abschied nehmen musst
- Wenn du jemanden verlässt
- Wenn du zu dir stehen lernen willst
- Wenn du ja zu dir sagst
- Um mutiger zu werden
- Frieden schließen ist ein Prozess
- Frieden schließen mit deiner Vergangenheit
- Frieden schließen mit deinen Eltern und Ahnen – aus allen Leben

~ ✶ ~ ✶ ~ ✶ ~

Affirmationen:

Ich entscheide mich für Frieden
Ich entscheide mich für Heilung
Ich entscheide mich für vollkommene Gesundheit auf allen Ebenen
Ich schließe Frieden mit meiner Vergangenheit
Ich schließe Frieden mir zuliebe
Ich schließe Frieden mit allen Tätern in meinem Leben
Ich beende meine Opferrolle
Ich beende den Unfrieden meiner Ahnen
Ich beende den Unfrieden in mir
Ich beende den Unfrieden in meinen Zellen
Ich bin Frieden und Frieden ist in mir
Ich bin Frieden
Jetzt
Und für immer
So sei es

~ ✶ ~ ✶ ~ ✶ ~

FT1: Trauma-Lösung – Basis-Zentrum – Wurzelkraft

Anwendungen:

- Tiefe Ängste
- Frühkindliche Prägungen
- Alles rund um die Geburt
- Eigene Schwangerschaft
- Ankommen in diesem Leben
- Ankommen im Bauch der Mutter
- Inkarnationszeitpunkt
- Eigenen Körper ablehnen
- Essen ablehnen

~ ✶ ~ ✶ ~ ✶ ~

Affirmationen:

Meine Seele ruht in den Armen Gottes
Meine Seele ruht in den Armen der Göttin
Meine Seele ruht in der Geborgenheit der
kosmischen Quelle
Ich übergebe der Erdgöttin meine eigene Schwangerschaft
und meine Geburt
Ich nähre mich durch die liebende Kraft
der Göttin aller Göttinnen
Ich bin willkommen
Ich bin gerne hier auf Erden
Mein Leben hat einen Sinn
Ich umarme mein Leben
Ich umarme mich und ehre mich für diese Entscheidung

~ ✶ ~ ✶ ~ ✶ ~

FT2: Erlösung von alten Prägungen

Anwendungen:

- Glaubenssatzarbeit
- Soziale Prägungen verändern
- Emotionale Prägungen verändern
- Mentale Prägungen verändern
- Spirituelle Prägungen verändern
- Frei sein von den Wünschen der Eltern und Ahnen
- Frei sein von den Erwartungen anderer
- Frei sein vom Druck jeglicher Art
- Frei sein von meinem eigenen Druck

~ ✶ ~ ✶ ~ ✶ ~

Affirmationen:

Ich erschaffe mein Leben neu
Ich kreiere mein Leben
Ich bin verbunden mit Allem-was-ist
Ich entlasse alte Glaubessätze jeglicher Art
Ich umarme die Liebe in meinem Leben
Ich bin frei von den Wünschen und Erwartungen anderer
Ich bin frei von dem Druck meiner Eltern
Meine Ahnen sind frei, und ich bin frei
von ihren Erwartungen
Ich erschaffe täglich neu

~ ✶ ~ ✶ ~ ✶ ~

FT3: Balance der Sexualenergie

Anwendungen:

- Frieden schaffen mit dem eigenen Körper
- Frieden schaffen mit dem eigenen Geschlecht
- Annahme der Weiblichkeit – als Frau
- Annahme der Männlichkeit – als Mann
- Nierenbalance
- Beziehungsthemen aller Art
- Liebesthemen
- Sexuelle Herausforderungen
- Dunkle sexuelle Erinnerungen

~ ✶ ~ ✶ ~ ✶ ~

Affirmationen:

Ich umarme mich und meinen Körper
Ich will ihn annehmen so wie er ist - denn so wie er ist, ist er gut
Meine innere Frau will geliebt werden
Mein innerer Mann will geliebt werden
Ich ehre und achte mein Frausein (als Frau)
Ich ehre und achte mein Mannsein (als Mann)
Ich nehme meine Sinnlichkeit an
Ich nehme mich mit all meinen Wünschen an
Ich träume mich in meinen Körper

~ ✶ ~ ✶ ~ ✶ ~

FT4: Löschung bei Angst vor den Qualen alter Schattentode

Lichtcode: 91 4000 unendlich

4x wiederholen

Anwendungen:

- Unerlöste karmische Tode
- Tode, die unerlöst in der Aura sichtbar sind
- Opferungen
- Angst vor dem Tod schrittweise erlösen
- Angst vor Folter und anderen Qualen aus früheren Leben
- Befreiung von Zwangshandlungen
- Beim nicht vergeben können (karmische Ursachen)
- Bei Unversöhnlichkeiten aller Art
- Unerklärbare Ängste

~ ✶ ~ ✶ ~ ✶ ~

Affirmationen:

Ich bin vollkommen beschützt von der Quelle allen Seins
Ich bin in den Armen der Göttin – im Leben und im Tod
Alte Ängste verlassen mich jetzt
Ich erschaffe mich jeden Tag neu
Ich umarme mein Leid und entlasse es im
ewigen Transformationslicht Gottes
Ich versöhne mich mit den früheren Tätern,
damit ich das Opfer beenden kann.
Das Opferbewusstsein verlässt mich nun
Ich bin frei
Für immer und immer

~ ✶ ~ ✶ ~ ✶ ~

FT5: Aufhebung der Trennung von der Fülle des Universums

Anwendungen:

- Erschaffung des Fülle-Bewusstseins
- Fülle auf allen Ebenen
- Armutsgelübde löschen
- Armut als Ehre sehen – Programm löschen
- Armut als guten Dienst an der Menschheit sehen – Programm löschen
- Karmische Verhinderer löschen
- Gelübde jeglicher Art aus früheren Leben auflösen
- Jeglicher Zugang zum Fülle-Bewusstsein wird eröffnet
- Fülle als natürlichen Zustand anfordern

~ ✶ ~ ✶ ~ ✶ ~

Affirmationen:

Ich hebe jegliche Trennung zwischen mir
und dem Fülle-Bewusstsein auf
Ich lösche alle Schwüre, Eide und Gelübde
aus allen Leben diesbezüglich
Ich erhebe Anspruch auf mein natürliches Recht
vollkommen versorgt zu sein.
Auf allen Ebenen meines Bewusstseins entsteht so Fülle
Ich bin frei von karmischen Verhinderern
Ich nehme mich als göttliche Fülle wahr
Ich nehme die göttliche Fülle auf allen Ebenen
meiner Existenz an
Ich bin in Fülle und das bleibt so
So sei es

~ ✶ ~ ✶ ~ ✶ ~

FT6: Aufhebung aller Trennung vom Seelenursprung - Heimatplanet

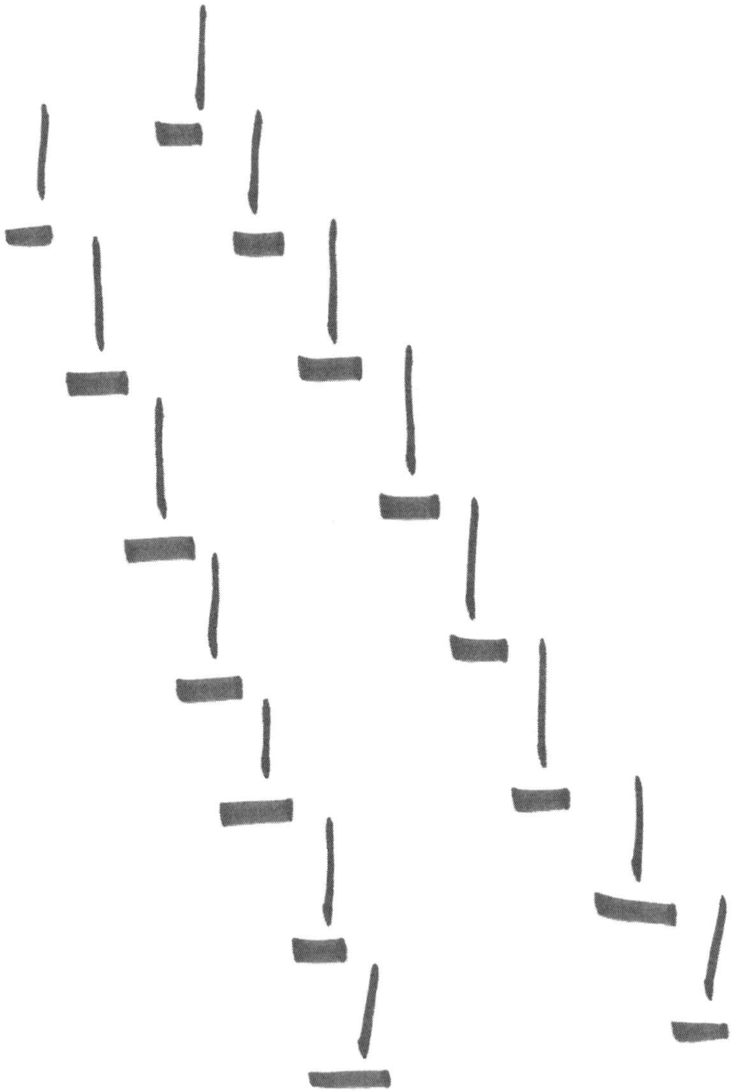

Anwendungen:

- Bei dem Gefühl nicht auf der Erde sein zu wollen
- Keine Erdung – Erdverbundenheit fehlt
- Sehnsucht nach „zu Hause“
- Unerklärliche lang anhaltende Traurigkeit
- Beziehungslosigkeit zu anderen Menschen
- Mag Tiere mehr als Menschen
- Kann nicht mehr richtig lieben
- Entwurzelung
- Einsamkeit ist unerträglich

~ ✶ ~ ✶ ~ ✶ ~

Affirmationen:

Meine Seele ist hier willkommen
Ich bin willkommen auf der Erde
Mein Seelenauftrag hat mich hergeführt
Ich trockne meine Tränen und umarme meine Aufgabe im Hier und Jetzt
Ich liebe mich und lass andere dort wo sie gerade sind
Ich akzeptiere meine Andersartigkeit und nehme mich so an wie ich bin
Meine Einsamkeit gehört zu mir
Ich verwurzle mich in mir
Mein System und meine Sternenheimat geben mir Halt
Meine Sicherheit kommt von Innen
Keine äußere Gegebenheit kann mich schützen
Meine Bestimmung schützt mich
Ich umarme mich und akzeptiere dieses Leben hier auf Erden
Mein Auftrag offenbart sich mir
Jetzt

~ ✶ ~ ✶ ~ ✶ ~

FT7: Einsamkeit in Verbundenheit wandeln

Anwendungen:

- Bei Rückzug aus dem Leben
- Wenn Menschen gemieden werden – ohne Grund
- Wenn Einsamsein und keine Hoffnung finden alltäglich werden
- Isoliert leben
- Wenn Tiere die einzige Quelle der Liebe sind
- Öfteres nächtliches Weinen
- Tagträumen – Flucht vor dem harten Leben
- Flüchten aus der sog. Realität
- Zu schwache spirituelle Anbindung

~ ✶ ~ ✶ ~ ✶ ~

Affirmationen:

Ich bin verbunden mit Allem-was-ist
Meine Einsamkeit ist ein Teil von mir
Ich bin ein Teil der Matrix der Menschen
Ich bin in Gott/Göttin verbunden
Ich bin niemals alleine
Meine Ahnen sind um mich
Meine spirituellen Ahnen leiten mich
Meine Aufgabe wird durch mich auf die Erde gebracht
Ich träume mich in meine Seele
Jede Nacht umarmt mich mein Wächter meiner Seele
Ich bin ein Kind der Göttin
So sei es

~ ✶ ~ ✶ ~ ✶ ~

FT8: Löschung von Verlassenheitsängsten

Anwendungen:

- Tiefe Verlustängste
- Unerklärliches Aufschrecken und weinen in der Nacht
- Kein Vertrauen in Mitmenschen entwickeln
- Angst vorm schwarzen Mann
- Gott hat mich verlassen
- Ich bin ganz allein
- Niemand liebt mich
- Ich bin es nicht wert mich zu lieben
- Ich bin vergessen worden hier auf Erden

~ ✶ ~ ✶ ~ ✶ ~

Affirmationen:

Ich umarme mich und lasse mich wieder umarmen
Ich lege meine Angst in die Arme der großen Göttin
Ich überantworte mich der göttlichen Führung
Ich entspanne mich täglich vorm Einschlafen
Gute Musik erreicht meine Seele
Ich bin niemals allein
Ich werde aktiv und gehe mutig auf meine Mitmenschen zu
Ich bin niemals vergessen
Ich nehme die Führung der Spirits deutlich wahr
Ich bin geführt, geliebt und getragen
Das gilt für immer und immer
So sei es

~ ✶ ~ ✶ ~ ✶ ~

FT9: Verbindung zum Ursprungsbewusstsein = Sternenbewusstsein herstellen und halten

Anwendungen:

- Einheit herstellen
- Einheit bewusst machen
- Einheit erschaffen und halten lernen
- Göttliche Gaben annehmen
- Sinn deiner Inkarnation erkennen
- Angst vorm Erfolg löschen
- Angst mächtig zu sein löschen
- Angst vor deiner eigenen Größe löschen
- Hingabe an deine Bestimmung

~ ✶ ~ ✶ ~ ✶ ~

Affirmationen:

Ich lebe in der göttlichen Einheit
Ich bin in der Einheit geboren und bleibe darin
Ich bade im Sternenbewusstsein
Ich bin ein Licht am Himmel
Ich bin ein Stern unter Sternen
Ich bin in der Liebe der Sterne geboren und trage mein Licht auf Erden
Die Erde hat uns gerufen
Wir Sternengeborenen helfen beim Aufstieg
Mein Licht leuchtet durch mich
Ich bin unauslöschlich
Ich bin ein freier Stern unter Sternen
So sei es
Und so wird es immer sein

~ ✶ ~ ✶ ~ ✶ ~

FT10: Löschung der Illusion von der Trennung vom Christusbewusstsein

Anwendungen:

- Bei fehlender spiritueller Anbindung
- Wo gehöre ich hin? - hebt Orientierungslosigkeit auf
- Mehr Sinn im Leben
- Mehr Focus im Leben
- Was will ich hier in meinem Leben erreichen?
- Aufhebung des Gefühls von Christus verlassen worden zu sein
- Matrixverbindung zum Christusbewusstsein wird hergestellt
- Herzaktivierung
- Du wirst lieben wie nie zuvor

~ ✶ ~ ✶ ~ ✶ ~

Affirmationen:

Ich bin der ICH BIN
Ich bin die ICH BIN
Ich bin verbunden mit der Christusebene
Alle Wahrheit fließt durch mich
Nur die Liebe bringt mich zu wahrem Erfolg
Meine Liebe wächst durch die Liebe des Christus
Ich bin ein Teil der Sternensaaten, die Christus gesät hat
Ich bin ein Teil des Ganzen
Meine Verbindung zu der Matrix in Christus hält
Alle Leben sind in ihm verbunden
Er ist in mir
Und ich bin ich ihm
So ist es und so wird es immer sein

~ ✶ ~ ✶ ~ ✶ ~

Abschluss:

Du hast nun einen Überblick über Teile der Sternenmedizin. Ja, ich schreibe absichtlich das Wort Teile. Es ist hier ein Basiswerk entstanden. Die neue Erde braucht neue Heilmethoden.

Es ist eher ein Gefühl von Wiedererinnern.
Wenn du bis hierher gelesen hast, dann kommst auch du von den Sternen.

Du kommst von so weit her. Deine Kraft und einzigartige Energie wird gerade jetzt hier gebraucht.
Auch du hast dich bereit erklärt, genau jetzt beizutragen, Dein Licht hoch zu halten und dich als Lichtfackel zu zeigen.

Ich will dir mit diesem Buch Hilfe und Unterstützung geben. Dein Weg war niemals leicht. Mein Weg war es auch nie. Ich kenne dich und du kennst mich.
Unsere Seelen kennen sich. Die Matrix der Sternengeborenen ist stark. Du erreichst sie über die Codes und über die Frequenzbilder.
Ebenso wenn du die Sternenmedizin-Aktivierung über dein Herz machst wie am Anfang des Buches beschrieben.

Du bist hier um selbst zu heilen.
Du bist aber auch hier um den anderen dein Licht zu zeigen.
Du bist auch hier um voran zu gehen.
Du bist hier um all die Lügen deiner früheren Leben und deiner Kindheit aufzudecken.
Du bist hier, weil auch deine Seele nach Wahrheit schreit.

Das ist der Schrei der Sterne.
Es ist der Schrei, der aus den Schmerzen der Vergangenheit geboren worden ist.
Auch dieser Schmerz ist in jedem Stern verborgen.
Tief in deiner Seele weißt du es.
Du bist stärker, als alles was du je von dir geglaubt hast.

Du bist mächtiger als alles Unlicht. was je hier auf Erden Macht an sich gerissen hat.

Dieses Buch ist ein Beitrag dazu, deine liebevolle Kraft wieder anzunehmen.
Dann kannst du wirken und sie erfolgreich für die höchste Liebe einsetzen.
Du befreist dich und alle die du kennst.

Stell dir vor alle würden das konsequent tun.
Alle echten Menschen würden in ihre lichtvolle Macht gehen.
Sie verlassen die Lügen und alle künstlichen Intelligenzen werden verblassen.
Wir brauchen keine künstlichen Intelligenzen.
Wenn wir uns an unser Bewusstsein erinnern, dann strahlt das Sternenbewusstsein endlich an die Oberfläche deiner Existenz.
Du fühlst dich frei und niemand kann dir je deine Freiheit rauben.

Dieses Buch, all die Codes und Frequenzen, können dich erheben. Du entdeckst deinen Seelenursprung wieder. Du erlebst dich ohne Angst und Unterdrückung deiner Wahrheit. Du bist das Kind der Quelle und dein Strahlen erleuchtet die Augen derer, die mutig sind dich zu sehen.
Erkenne dich und erkenne somit deinen Seelenauftrag.

Wenn du deinen persönlichen Seelencode erfahren willst, dann können wir den in einer individuellen Sitzung gerne empfangen. Es gib noch so viel mehr zu erfahren. Das passt niemals alles in ein Buch. Fürs erste allerdings ist es nun genug. Deine Seele ist aufgeweckt und will immer weiter lernen. Ich bin und bleibe gerne an deiner Seite.
Wenn du mich brauchst ich bin da.
Das ist ein Versprechen von Sternengeborenem zu Sternengeborenem.

Denn wir kommen alle von den Sternen. Maaryam

~ ✶ ~ ✶ ~ ✶ ~

STERNENCODES

Auflistung der 3er-Code-Zahlen

∞ 144 000 ∞	Universal-Sternencode ....S. 28
∞ 111 ∞	Start/Neustart ....S. 23
∞ 222 ∞	Dualität ....S. 23
∞ 333 ∞	Trinität/Dreiheit ....S. 24
∞ 444 ∞	Balance/Engel – Ausgleich ....S. 24
∞ 555 ∞	Der Mensch/Äther ....S. 25
6	Erde/Hinweis auf Chaos ....S. 25
∞ 777 ∞	Göttliche Ordnung/Befreiung ....S. 26
∞ 888 ∞	Himmel & Erde = Fülle ....S. 26
∞ 999 ∞	Ende/Gold ....S. 26
∞ 000 ∞	Alles und Nichts = das Universum unterstützt dich ....S. 27
∞	Unendlich
399 ICH 993 	Spiegelcode ....S. 29

~ ✶ ~ ✶ ~ ✶ ~

Auflistung der Codes alphabetisch

Sternencodes „A“

333 144 333	Aktivierung der Christusenergie (bei Fremdengergien) ....S. 66
333 939 333 ∞	Aktivierung der Christusenergie ....S. 80
888 849 919 939 2 ∞	Anbindung an deine früheren Leben ....S. 31
11 44 000 12.000 80 000 ∞ 4	Anbindung an die spirituellen Ahnen ....S. 54
410 014 12 98 763 ∞	Angstfreiheit
4400 44 ∞	Angst-Matrix – fremde Angst (12x wiederholen / 24 Stunden)
84 91 200 800.000	Atlantis-Verbindung
1200 12 000 91400 999	Auflösungen aller dunklen Konzepte und deren Folgen für alle Beteiligten ....S. 62
99 100 000 99 12 18 **Vergebung ∞**	Auflösung aller falschen Verträge ....S. 63

149 7 333 999 ∞ 9 jetzt	Auflösung aller Manipulationen aller Dunklen Mächte von anderen Planeten, Galaxien oder Reichen der Finsternis ....S. 63
120 010 009 891 1 222 888 ∞ 144 000	Auflösung aller Übergriffe, des Seelenraubes und der Hypnotisierung durch fremde Mächte, sowie falscher Manipulation und absichtlicher Täuschungen ....S. 63
4141 912 122 280 001 4 4 ∞	Auflösung der Ahnenlügen ....S. 61
444 98 777 888 12 91	Auflösung der dunklen Macht die durch die ungelösten Traumen der Ahnen wirkt (Energie- und Schattenverträge) ....S. 61
4111 800 012 191 008 ∞	Auflösung der Erfolgsverhinderer aus der Ahnenreihe (Ahnengift) ....S. 60
129 148 900 900 0	Auflösung des satanischen Konzeptes der Trennung, des Schmerzes und der Unterdrückung ....S. 62
4141 289 444 192 291	Auflösung von Ahnen-Schwüren, -Eiden und –Gelübden ....S. 61
21 894 932	Aura schließen
189 877 712 213 333 ∞144	Ausleiten von Prägungen in der Schwangerschaft ....S. 50

141 222 255 598 999 9 ∞ 144	Ausleiten von Fehlprogrammierungen vor dem Inkarnationszeitpunkt ....S. 50, 56
999 878 9999	Ausleiten der Schwangerschaftswoche 1 – 3 ....S. 51
888 781 111 888 4 ∞144	Ausleiten der Schwangerschaftswoche 4 – 7 ....S. 51
141 298 777 888 891 214 144	Ausleiten der Schwangerschaftswoche 8 – 18 ....S. 51
333 121 477 78 ∞144	Ausleiten der Schwangerschaftswoche 19 – 29 ....S. 51
4 ∞ 144 7 ∞	Ausleiten der Schwangerschaftswoche 30 – 40 ....S. 51
94 800 12 102 jetzt	Ausstieg aus dem 3D Bewusstsein ....S. 77

Sternencodes „B“

∞ 444 ∞ 222 ∞ \ ∩ ∞ 144 000 x 12	Balance vor dieser und allen anderen Inkarnationen, wirkt sofort Christusbewusstsein durch Issah wird reaktiviert
7.000.000	Balance des Schmerzkörpers ....S. 41, 75
14 18 100 1000 21.000 98.000 9 ∞	Befreiung von den Matrixen der Dunkelheit auf diesem und auf allen anderen Planeten genaue Anleitung sh. ....S. 43

92.000 91.000 98.000 720 82 777 49 12	Befreiung von der Todesangst zu sagen wer ich bin
999 100 112 48 930 9 ∞ 8 ∞ 7 ∞ 12 Wiederholungen innerhalb von 48 Stunden	Berufung aus spiritueller Sicht genaue Anleitung sh. ....S. 71

Sternencodes „C"

333-989 797 2000 400 900.000	Christus-Vergebungscode → durch Christus vergeben
494 492 444 1	Code der Unsichtbarkeit – die Tarnvorrichtung bei Angriffen aller Art ....S. 40

Sternencodes „D"

444 419 418 147 413	Dein wahres Selbst, Macht und Ohnmacht ....S. 30
999 90 902 903 904 905 906 907 908 909 900	Deine spirituelle Geburt/Seelengeburt täglicher Code sh. ....S. 36
14 99 9000 8000 14.000 12 ∞	Der Mut, auf Erden zu wirken in der Verbundenheit mit den Sternengeschwistern genaue Anleitung sh. ....S. 39
999 222 91 12 91 12 14 14 ∞	Der Kraft der Dunkelheit durch Matrixtausch zu entfliehen, ohne Kampf und ohne Schmerzen ....S. 40
12.000 80 800 12	Die Bereitschaft zum Empfangen plejadischer Nachrichten ....S. 43

222 42 4212 888 12 4 ∞ 7 Tage aktivieren **124 548 47 444 12 000 1 ∞**	Die Energie der Selbstliebe im Seelenstern aktivieren genaue Anleitung sh. ....S. 37
14 777 876 211 2000	Die Kraft deiner Sternengeburt ....S. 35
14 888 92 999 237 891 200 2000 8 ∞	Die Kraft der Erinnerung an alle Erfahrungen der vergangenen Leben genaue Anleitrung sh. ....S. 38
444 849 321 4 ∞ 2 ∞ 8 ∞	Die Liebe zu allen lebenden Wesen reaktivieren genaue Anleitung sh. ....S. 33
12 14 1934 800 100 13.000 1412 1 ∞	Die Liebe zu allen anderen, die im außerirdischen Dienst stehen ....S. 40
14 99 12.000 11.000	Die Liebe zur Erde aktivieren und zur Selbstheilung nützen genaue Anleitung sh. ....S. 33
94 12 104 ∞	Die Lüge in der Angst
184 93 222 4 ∞ 444 2 ∞	Die Verbindung zur Hüterin der Erde herstellen – Erdgöttin ....S. 34
141 219 281 249 187 ∞	Dunkelheit aus den Wunden entfernen ....S. 64
94 92 213 98 74 ∞ 7 ∞ 2	Der Dunkelheit entrinnen

Sternencode „E“

448 2349	Einstieg in 5D
222 213 241 444	Erdenstern – 20 cm unter deinen Füßen ....S. 31
444 144 000 12.000 884 ∞	Erhebung in die 4. Dimension ....S. 70
555 580 555 ∞ 458	Erhebung in die 5. Dimension ....S. 71
339 933 489 21 333	Erlösen von Widerständen
900 12 990 12 999 ∞ 994	Essen als Ersatz für Liebe bzw. Seelennahrung ....S. 55

Sternencodes „F“

444 91 44 212 91 ∞ 4	Fehlende Mutterliebe ....S. 53
999 494 897 12 91 ∞ 8 ∞ 9	Fehlende Vaterliebe ....S. 53
12 000 444 93 41 80 99 1 888 ∞ 12	Fehlende weibliche Ahnen ....S. 54
12 000 11 000 91 92 12 18 ∞ 4	Fehlende männliche Ahnen ....S. 54
493 214 447 999 ∞	Frei von Angst
444 942 122 4 ∞	Frei von Wertung (5D)
707 7800 98 25 19 807 ∞	Frieden
701	Frieden = göttliche Ordnung
99 800 12000 213 4900 ∞	Frieden bei Provokationen

414 493 429 0 ∞	Frieden für das innere Kind
444 747 ∞ 247 234 ∞	Frieden im Ahnenfeld
219 921 248 1	Frieden mit deiner inneren Frau (mind. 24 Stunden)
777 789 798 111 144 000	Frieden mit allen Ahnen – Schritt für Schritt ....S. 60
222 424 313 797 2	Frieden und Harmonie mit den weiblichen Ahnen
232 323 293	Fußaktivierung ....S. 31

Sternencodes „G“

12 100 12.000 0 ∞144	Geburt – Befreiung von Angst und Schock (Geburtstrauma) ....S. 51
777 717 719 999	Gottesanbindung ....S. 31
4.000.000 2000	Gottesbruch

Sternencodes „H“

84 102 9000 84 2 ∞ 2	Hals – vollkommene Verbindung
222 282 292 999	Handaktivierung ....S. 31
98 12 102 493 8 ∞	Hellsichtigkeit – Aktivierung 3. Auge
613 677 777 719	Hellsinne, 3. Auge ....S. 30
484 494 474 4 ∞	Herz-Balance-Code

94 400 8000 9000 12.000 31 (4x Wiederholen)	Hingabe an Christus → Kontrolle loslassen
222 494 192 743	Herz-Entspannung
12 000 80 800 12	Höchste Anbindung an die Quelle allen Seins *(Bereitschaft zum Empfang)* ....S. 48
848 284 849 2 ∞	Hüftaktivierung ....S. 31

Sternencodes „I“

412 443 419 7 ∞	Im Hier und Jetzt sein
449 999 800 ∞	In 5D bleiben
878 191 82	Innerer Mann - Schutz
412 493 4000 484	Inneres Kind – Seelennahrung (2x wiederholen)
4123 333 9821	Inneres Kind – Sturheit (Nichtloslassen der Angst)

Sternencodes „K“

1412 333 919 899 12 144	Kinder, die nicht genug Nahrung bekommen haben, zu nähren ....S. 57
782 900 777 ∞ 972	Knochen, männliche Ahnenreihe (7 Tage wiederholen / 7 Tage Pause / 7 Tage wiederholen)
555 514 512 513	Kommunikation auf allen Ebenen ....S. 30

Sternencodes „L“

14 98 777 12 777 121 433 3 ∞ die 3 144	Lachen aus einer traumatisierten Kindheit zurückholen ....S. 57
419 3912 3913 3914	Lebensenergie, Sexualität, Lebendigkeit ....S. 30
141 868 643 918 144	Lebensmonat 1 – 3 ....S. 52
4 ∞ 144	Lebensmonat 4 – 6 ....S. 52
88 121 454 343 444 12 ∞ 144	Lebensmonat 7 – 12 ....S. 52
121 444 489 888 899 910 00 144 Jahreszahl	Lebensjahre 1 – 21 testen genaue Anleitung sh. ....S. 52
193 199 1	Leere erschaffen / Loslassen
192 199 847 ∞	Leichtes Lernen
980 990 99 ∞444 2 ∞ 777	Liebe (zur Wasser-Energetisierung)
999 98 400 ∞ 9 ∞	Löschung der schwarzen Magie

94 800 200 10 912 104 444 ∞	Löschung destruktiver Glaubenssätze/ Unterstützung Schmerz entlassen aus dem Schmerzkörper ....S. 41
94 12 100 801 99 ∞ 84 ∞ 1 ∞ 2	Lunge – vollkommene Verbindung (4x hintereinander wiederholen, 4 Tage lang)

Sternencodes „M“

912 90 92 1442 ∞	Schuldmatrix verlassen

Sternencodes „N“

499 849 29 400	Natur wahrnehmen und kommunzieren

Sternencodes „O“

40 80 60 90 9000 900.000 400.000 80.000.000 0 0 ∞	Öffnung eines Portals (zur Erlösung von dunklen Wesen) ....S. 66, 69

Sternencodes „P“

8.000.000	Portale schließen

Sternencodes „R“

444 940 024 007 999 ∞ 2	Reaktivierung der eigenen Seele im Hier und Jetzt ………………………………S. 34
449 448 444 490 094 480 4000 000 ∞	Reaktivierung von lemurianischem Bewusstsein ………………………………S. 34
444 424 441 222 777 900 1	Reduzierung des Schmerzkörpers ………………………………S. 41
489 247 900 8 ∞	Reinigung
400 800 900 1200 1000 48 ∞144 000 **14 12 000 80 91 92 400 900 800 ∞**	Reptiloider Angriff **Beide Codes verwenden!** genaue Anleitung sh. ………S. 65
144 000	Rückanbindung an die aktive Gemeinschaft der Sternengeborenen ………………………………S. 54

Sternencodes „S“

400 44 ∞ 1 ∞ 4 ∞ 12 ∞	Schäden in der Aura des Menschen reparieren ………………………………S. 66
13 31 333 414 144 12 12 12 ∞	Schmerzlinderung astral ………………………………S. 42
94 92 91 800 9.000.000 4 ∞	Schmerzlinderung bei nicht-Irdischen Implantaten ………………………………S. 42
14 91 12 92 12 408 für immer **449 498 144 298 892 ∞** **800 900 884 882 881 800**	Schmerzlinderung durch die Trennung von falschen Erdverträgen und dunklen Manipulationen in allen Stadien genaue Anleitung sh. ………S. 42

12 98 8000 4000 2 ∞	Schmerzlinderung emotional ....S. 41
12 99 12 88 1277 12 Vergebung für immer	Schmerzlinderung mental ....S. 41
492 1349	Schütze dein Herz
779 977	Schuldfreiheit auf allen Ebenen ....S. 40
141 298 991 288 877 769 6 144	Seelenhunger - Integration ....S. 55
001 002 397 999 + ∞ – 48	Seelenhunger – vorgeburtlich/mitgebracht aus früheren Leben ....S. 55
400 100 300	Seelenhunger – wenn das innere Kind hungert ....S. 55
999 918 819 2	Seelenstern – 20 cm über deinem Kopf ....S. 31
412 493 4000 484 2 ∞	Seelische Nahrung
1245 48 47 444 12 000 1... Erwachen pur	Selbstliebe ist Ehrung der Göttin/des Gottes in dir genaue Anleitung sh. ....S. 37
222 42 42 12 888	Selbstliebe prinzipiell ....S. 37
109 409 209 797 900 999	Selbst- Vergebung
94 900 404 204 12 4 ∞	Selbstbestimmung
414 494 424 ∞	Selbstliebe

444 474 777 714 417 ∞	Sitz deines inneren Sterns, Seelensitz, Liebe, inneres Kind, innere Frau, innerer Mann ....S. 30
999 849 921 797 ∞	Spirituelles Wachstum
94 888 9.000.000 94 12 84 19	Stern des Friedens

Sternencodes „T“

333 399 933 333	Transformation
4921 9213490 840	Traurigkeit ist wichtig
0 999 49319 80 ∞ 8 ∞ 98 400 12 103	Todesangst überwinden

Sternencodes „U“

98 400 12.000 555 4 ⊙ 12.000 ∞	Umformung des Körpers in einen gesunden Körper (4x hintereinander wiederholen)
94 29 224 2 8.000.000 ∞	Unsichtbarkeits-Code (wieder aufheben !!)
141 278 879 222 8 ∞	Unterschiedlichste Codes für die Ganzwerdung der vergessenen Wahrheiten ....S. 32
449 219 384 798 498 2 ∞ 4 ∞	Untote befreien

94 800 99 8.000.000 ∞ (7 Tagen Pause / 7 Tage wiederholen)	Ur-Vertrauen
444 893 413 2 ∞ 4 333	Ur-Vertrauen in Alles-was-ist ....S. 71

Sternencodes „V"

496 223 989 400 ∞	Verbindung wieder aktivieren ....S. 16, 18, 20
498 223 989 400	Verbindung zum Sternenbewusstsein
401 12 104 998 992 8	Vergebung
899 998	Vergebung für noch nicht aufgewachte Sternengeborene ....S. 40
222 121 314 15 Vergebung ∞	Vergebung der Mutter ....S. 59
141 419 888 191 444 0 ∞	Vergebung dem Vater ....S. 59
122 002 000 489 27 31	Vergebung den Geschwistern ....S. 59
941 218 333 191 284 ∞	Vergebung der Großmutter – der weiblichen Ahnenreihe ....S. 60
121 898 555 111 98	Vergebung dem Großvater – der männlichen Ahnenreihe ....S. 60
444 189 144 412 189 1	Vergebung für deine Mutter, wenn sie keine Liebe geben konnte ....S. 56

444 847 748 144 000 1	Vergebung für deinen Vater, wenn er keine Liebe geben konnte ....S. 56
149 894 121 004 ∞	Vergebung von allem Ungesagten ....S. 58
121 212 einander folgende Einheiten der Liebe 3	Vergebung von allem Unwahren ....S. 59
444 ∞ – ∞	Vernetzung – unlichte Energien werden gelöscht ....S. 40
4 8 ∞ 144 000	Verschweigen der Traurigkeit ....S. 63
494 104 444 2 ∞	Versöhnung und Verbindung mit den männlichen Ahnen
4923 4922 4944 4900 8x hintereinander wiederholen	Vertiefung: den Mut, auf Erden zu wirken in der Verbundenheit mit den Sternengeschwistern genaue Anleitung sh. ....S. 39
14 12 788 79 222 8	Vertiefung: die Liebe zu allen lebenden Wesen reaktivieren → bei Hass auf bestimmte Wesen, Menschen genaue Anleitung sh. 33
419 219 444 400 4000 4.000.000	Vertiefung: die Liebe zur Erde aktivieren und zur Selbstheilung nützen → du bist gekommen um zu bleiben genaue Anleitung sh. ....S. 33
494 200 800 444 das Vergessen aufheben unendlich	Vertiefung: der Selbstliebe ehre der Göttin/den Gott in dir genaue Anleitung sh. ....S. 37

494 444 4849 213 33 In Christus erhebe dich! (Befehl)	Vertiefung der Befreiung von den Matrixen der Dunkelheit auf diesem und allen anderen Planeten genaue Anleitung sh. ....S. 43
449 447 412 448 4931	Verwurzelung, Erdung, Ahnenkraft ....S. 30

Sternencodes „W“

449 213 7 ∞ 747	Wahrheit finden
397 793 842 333 ∞	Widerstände gegen deine innere Wahrheit
444 181 222 397 8 ∞	Wundheilung ....S. 64

Sternencodes „Z“

200 400 900 ∞	Zell-Entgiftung

ÜBER DIE AUTORIN

Die Autorin Elisabeth Franziska Schanik beschäftigt sich, geprägt durch ihren eigenen herausfordernden Weg, seit über 28 Jahren mit alternativen, spirituellen Heilmethoden. Geistheilen und die Erforschung alter und neuer Techniken ist ihr in die Seele geschrieben.

Wie so oft war das Leben ihr intensivster Lehrmeister und sie durfte lernen, mit ihren hellseherischen, empathischen Gaben umzugehen.
Als Medium zwischen den Welten sucht sie täglich neue Wege, den Sternensaaten hier auf Erden das Leben zu erleichtern.

So kam die Idee zu diesem Buch im Flugzeug nach Indien. Ihre große Liebe.

Ob sie wollte oder nicht, sie hatte keine andere Wahl …
Die Spirits hatten den Plan geschrieben und stückweise erfuhr sie über Visionen, was sie lernen sollte. Sich selber zu finden und zu definieren war und ist ein stetiger Prozess.

Ihr interdimensionales Erfahrungswissen gibt Elisabeth in ihren Video-Kursen, Online-Trainings, Channelings, Webinaren, Ausbildungen, Audios und Büchern weiter.

Weitere Bücher aus dem Verlag Seelenmedicus144

Maaryam, Tochter des Heilers (1)
Print: ISBN 978-3-950514742
Kindle: B0B5HPYDZ1

Maaryam zwischen Berufung und Sehnsucht (2)
Print: ISBN 978-3-950514704
Kindle: B09NPBR2D7

Maaryam und die Heilung der Wunden der Frauen (3)
Print: ISBN 978-3-9505147-6-6
Kindle: ISBN 978-3-9505147-7-3

Befreiungsgebete für den Übergang:
Gebete und Anrufungen vor, während und nach dem Übergang in die geistige Welt
Print: ISBN 978-3-950514728
Kindle: B0B3JTPFB6

Bei Fragen:
Kontaktiere mich einfach!
info@drachenfrau.com

Mehr Info über meine Arbeit:
www.drachenfrau.com
www.derletzteweg.com
www.seelenmedicus144.com

Ich schicke dir energiereiche Grüße!

Deine Maaryam, die Drachenfrau

"Wir kommen alle von den Sternen"

Printed in Poland
by Amazon Fulfillment
Poland Sp. z o.o., Wrocław

34240071R00129